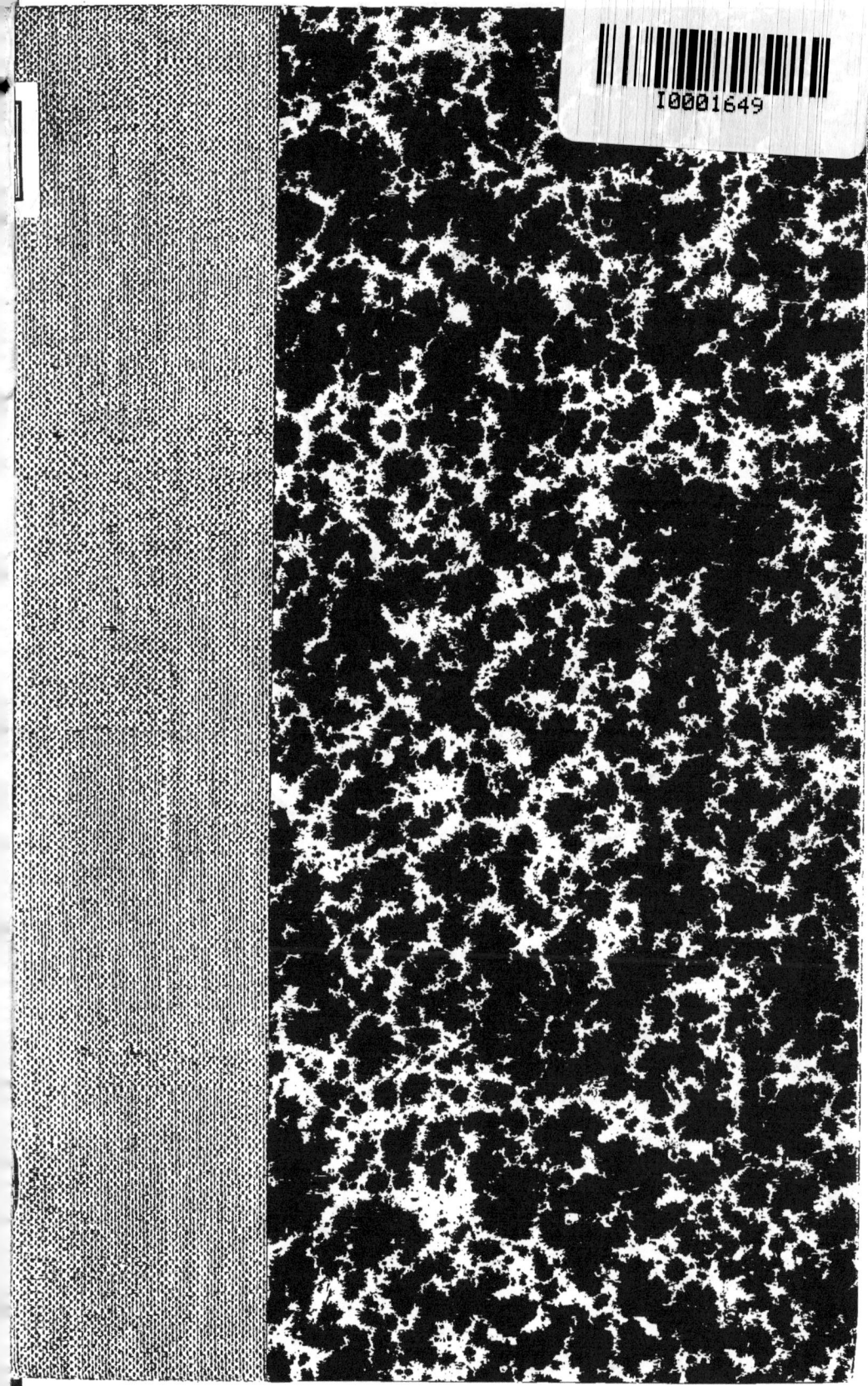

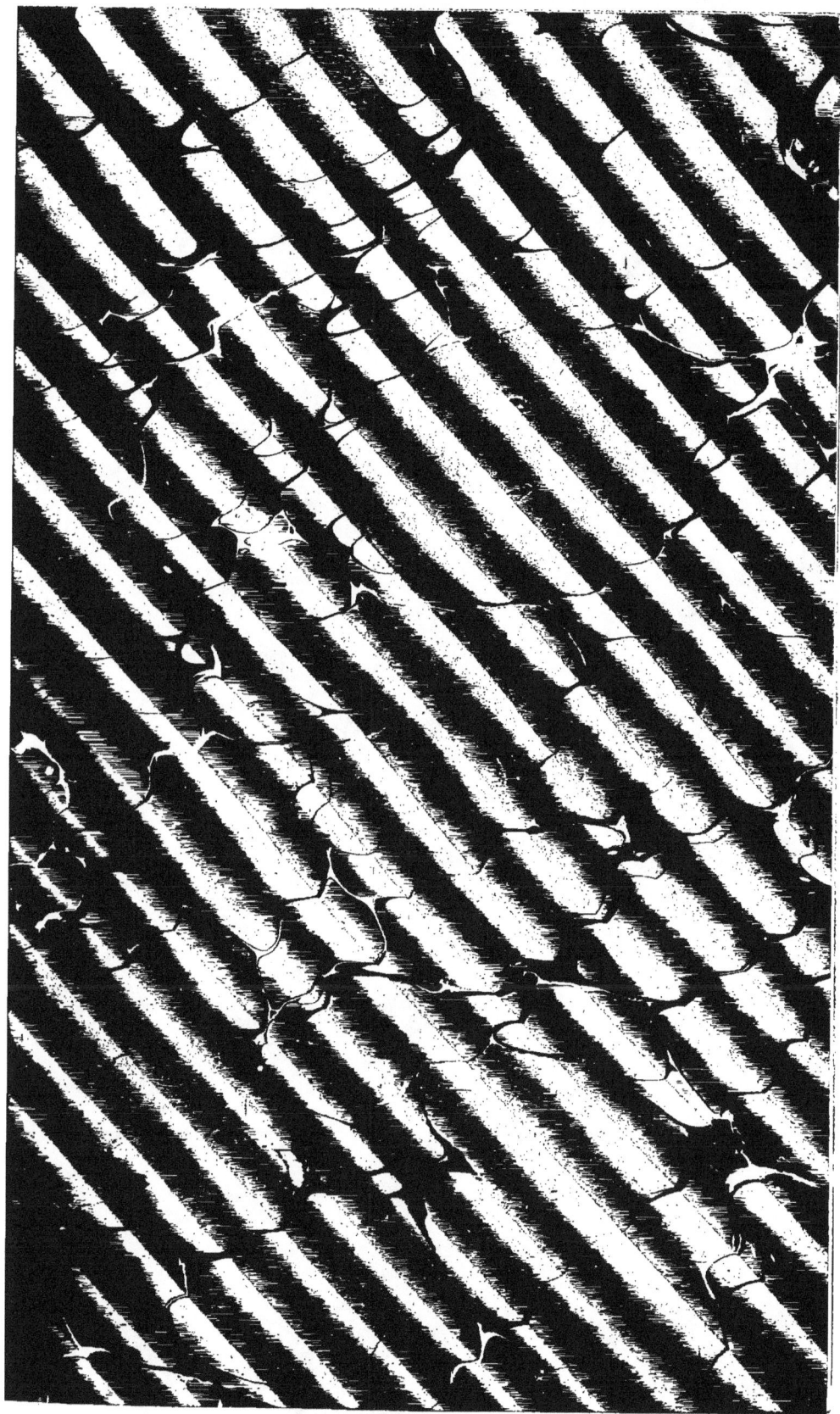

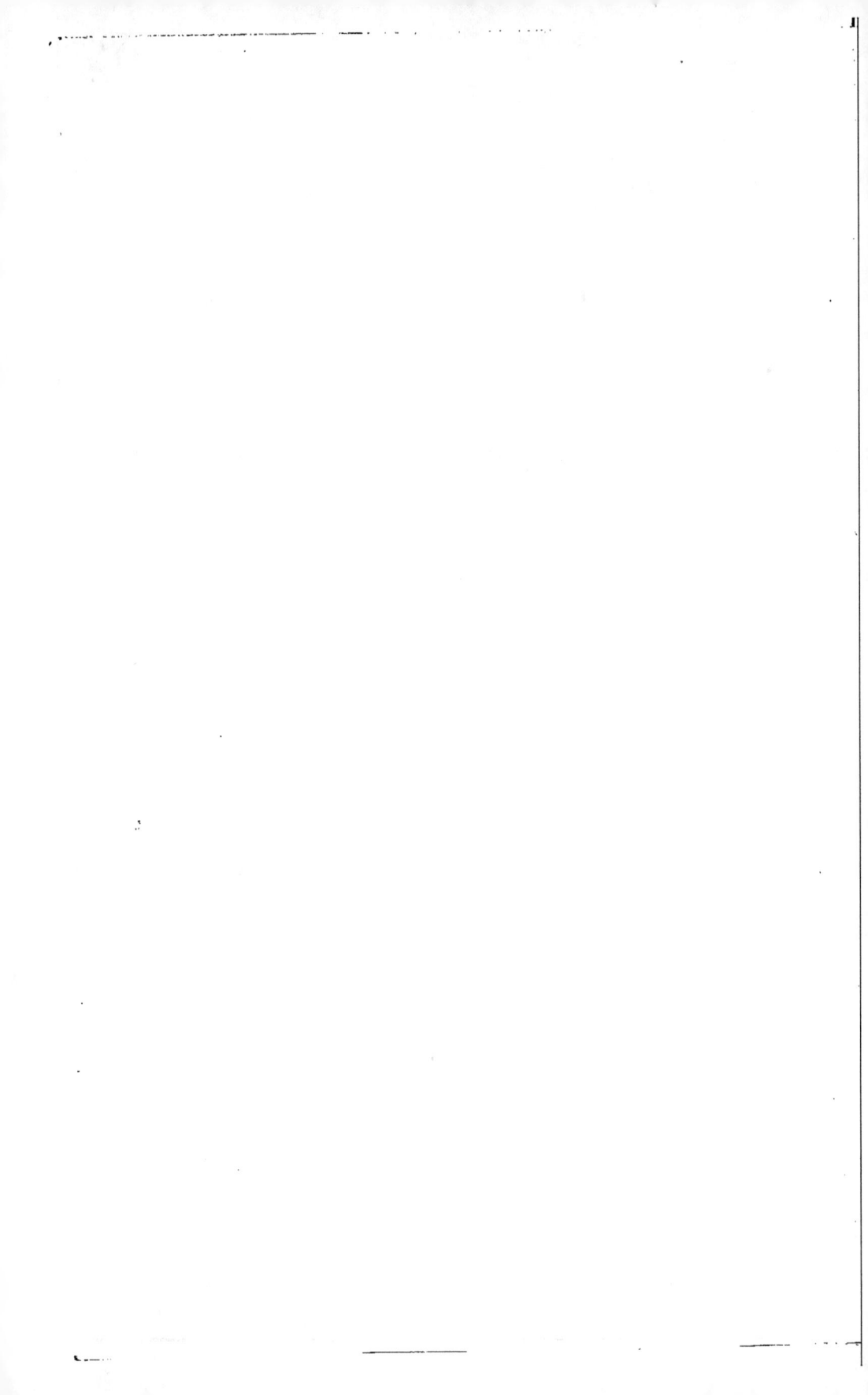

DE LA

LÉGITIME

EN DROIT ROMAIN

DE LA

RÉDUCTION DES LIBÉRALITÉS

Qui excèdent le disponible

EN DROIT FRANÇAIS

THÈSE POUR LE DOCTORAT

SOUTENUE

Le Samedi 29 Juillet 1873, à Midi

PAR

Henri LAUBET

AVOCAT A LA COUR D'APPEL DE PARIS

Président : M. BUFNOIR, Professeur

Suffragants : {
MM. BONNIER
GIDE — Professeurs
DEMANTE
LYON-CAEN Agrégé
}

PARIS

IMPRIMERIE ET LIBRAIRIE DE JULES BOYER ET Cie

11, RUE NEUVE-SAINT-AUGUSTIN, 11

1873

A LA MÉMOIRE

DE MON PÈRE ET DE MA MÈRE

A MA FAMILLE

FACULTÉ DE DROIT DE PARIS

DE LA

LÉGITIME

EN DROIT ROMAIN

DE LA

RÉDUCTION DES LIBÉRALITÉS

Qui excèdent le disponible

EN DROIT FRANÇAIS

THÈSE POUR LE DOCTORAT

SOUTENUE

Le Samedi 26 Juillet 1873, à Midi

PAR

Henri LAUBET

AVOCAT A LA COUR D'APPEL DE PARIS

PRÉSIDENT : M. BUFNOIR, Professeur

SUFFRAGANTS : MM. BONNIER
GIDE PROFESSEURS.
DEMANTE
LYNO-CAEN Agrégé.

PARIS

IMPRIMERIE ET LIBRAIRIE DE JULES BOYER ET Cie

11, RUE NEUVE-SAINT-AUGUSTIN, 11

1873

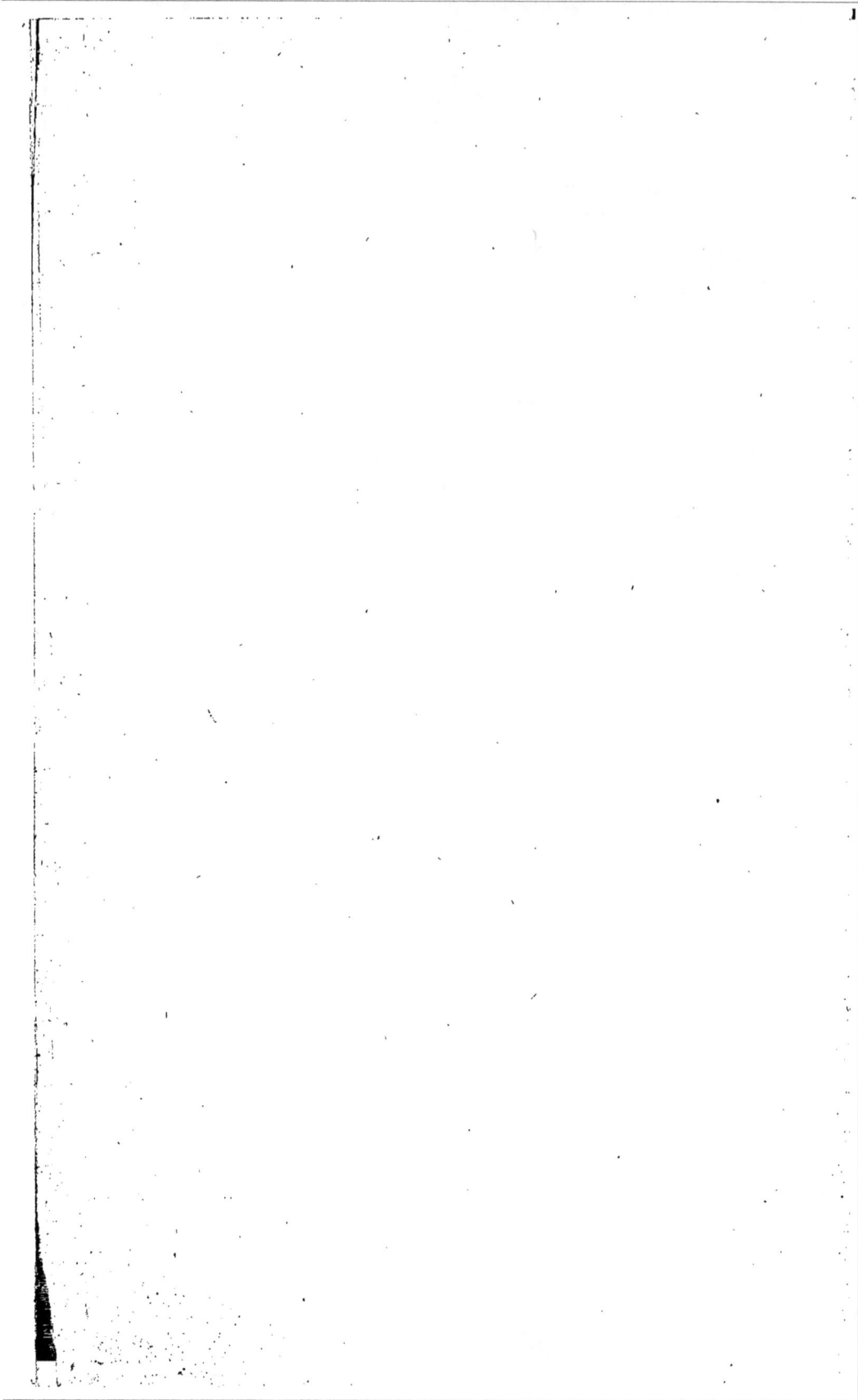

DROIT ROMAIN

DE LA LÉGITIME

INTRODUCTION.

La cinquième table de la loi des Douze Tables débute ainsi : *uti legassit super pecunia
tutelave suæ rei ita jus esto*. La liberté de tester était donc absolue à cette époque. Mais de
bonne heure les Prudents comprirent que cette
liberté avait besoin d'être renfermée dans de
justes limites ; et l'obligation pour le testateur
d'instituer ou d'exhéréder certains de ses héritiers, obligation introduite par les Prudents et
complétée par le Préteur fut un acheminement
aux restrictions que la liberté testamentaire devait subir. Pour expliquer cette règle que
M. Demangeat considère comme déjà constante

au temps de Cicéron (1) on imagina de dire que
les enfants avaient un droit de propriété en
sous-ordre sur le patrimoine de leur père ; à la
mort de celui-ci, il ne recueillaient pas précisément son hérédité, *sed magis liberam bonorum
administrationem consequebantur* (2), nous
dit Paul. Il fallait donc une décision formelle du
pater familias statuant comme juge domestique,
pour leur faire perdre ce droit. Cette règle dont
l'inobservation amenait la nullité ou la rupture
du testament, en réalité ne remédiait à rien ;
il suffisait que le père de famille eût exhérédé
son enfant pour que celui-ci fut entièrement
déshérité. De plus cette mesure ne protégeait
ni les ascendents, ni les frères et sœurs, ni les
enfants par rapport à leur mère quand ceux-ci
furent appelés par le sénatus-consulte Orphi-
lien.

Les Prudents firent alors un second pas par
l'établissement de la *querela inofficiosi testamenti* qui a pour but de faire rescinder le testament dans lequel un héritier est injustement
exhérédé ou omis. Sur quel prétexte s'appuyè-
rent les Prudents? Marcien nous le dit : *hoc
colore inoffitioso testamento agitur, quasi*

1) Demangeat, cours élem. T. 1 p. 625.
2. L. XI. D. *de liber. et post.*

*non sanæ mentis fuerunt ut testamentum or-
dinarent* (1); le testament est régulier d'ailleurs, mais il n'est pas fait *ex officio pietatis.*
Il paraît que ces exhérédations imméritées pro-
venaient le plus souvent de l'influence que
prenait la belle-mère sur l'esprit de son époux;
Gaius nous l'apprend quand il nous montre les
*parentes novercalibus delinimentis instigatio-
nibusve corrupti* (2); et Pline le jeune racon-
tant un procès de ce genre, nous dit que
l'anxiété était grande dans le camp des marâ-
tres attendant la décision des Centumvirs. La
querela dut appartenir à l'origine à tous les parents; mais Ulpien conseillait déjà aux collatéraux autres que frères ou sœurs de ne pas faire
de frais inutiles en intentant un procès qui ne
pouvait réussir. Le droit d'intenter la *querela*
était accordé : 1° aux descendants que leur
ascendant paternel avait exhérédés; 2° aux descendants omis dans le testament de leur mère,
de leur grand' mère ou de leur grand'père ma-
ternel; 3° à l'ascendant exhérédé ou omis dans
le testament de son descendant; 4° au frère
exhérédé ou omis dans le testament de so

(1) L. 2. D. *de inoff. test.*
(2) L. 4. D. *de inoff. test.*

frère, quand on lui avait préféré certaines personnes.

Qu'était-ce que la *querela inofficiosi testamenti*? La *querela* qui tenait à certains égards
de l'*actio injuriarum* était surtout un cas particulier de la pétition d'hérédité. Le *querelans*
demandait la rescision du testament et par voie
de conséquence il revendiquait l'hérédité comme
lui étant dévolue *ab intestat*. D'une sentence
d'inofficiosité il résultait immédiatement rescision du testament ; *et libertates ipso jure non
valent*, dit Ulpien, *nec legata debentur, sed
soluta repetuntur* (1).

En cas d'exhérédation ou d'omission, le juge
recherchait si elle était méritée, si la conduite
du plaignant ou même du père de celui-ci ne
l'avait pas motivée. Le tribunal des Centumvirs
avait encore à se demander si les biens laissés
à l'héritier qui n'était ni exhérédé ni omis
étaient suffisants pour que l'on pût dire que le
testateur n'avait pas violé l'*officium pietatis*.
D'autre part, il fallait voir si le défunt ayant
laissé par legs ou autrement une partie de ses
biens au *querelans*, celui-ci était encore fondé
à prétendre que le testament était inofficieux.

(1) L. 8, § 16. D. *de inoff. test.*

Questions délicates dont la solution devait varier chaque jour suivant l'intérêt qu'inspirait le *querelans*, suivant aussi les tendances d'esprit de chaque juge.

Si l'obligation d'instituer ou d'exhéréder constituait un remède illusoire, le nouvel expé-, dient qu'avaient imaginé les jurisconsultes Romains dépassait le but. En effet, non-seulement le *querelans* était restitué contre l'injustice dont il avait été victime, mais encore le testament tout entier du défunt tombait, et celui-ci était mort *intestat;* ce qui pour un Romain était extrêmement fâcheux. Il y avait, en outre, quelque chose d'odieux dans cette accusation, dans cette prise à partie de la mémoire du mort ; aussi n'y recourait-on que quand tout autre moyen faisait défaut. La *querela* était un *ultimum auxilium* parce qu'elle n'avait été admise qu'à regret, et ceux qui succombaient après l'avoir intentée s'exposaient aux plus graves déchéances. La *querela* présentait surtout ce grave inconvénient que le testateur n'était jamais sûr d'avoir fait un testament à l'abri de toute atteinte. La *querela* n'était pas une action de droit strict et le pouvoir d'appréciation des juges avait toute latitude pour se mouvoir. Le testateur ne devait pas violer l'*officium pietatis* : mais quel était le criterium auquel on reconnaîtrait qu'il l'avait respecté? Chaque juge le créait à sa guise. Il y avait là pour les testateurs une situation intolérable, car la *querela inofficiosi testamenti* était une épée de Damoclès supendue au-dessus de chaque testament. Il fallait donc qu'une règle fixe fut donnée aux juges, que ce criterium dont je parlais tout à l'heure sortit du domaine de l'arbitraire et qu'un père de famille pût être sûr de n'avoir pas fait un testament inofficieux. L'institution qui remédia en partie aux inconvénients de la *querela* fut l'institution de la quarte légitime.

Cujas, sur la foi de l'historien grec Nicéphore, attribue cette innovation à Marc Aurèle; Nicéphore Calliste vivait au XIVᵉ siècle, et son témoignage est d'autant moins probant qu'il dénature complétement le caractère des lois qu'il attribue à Marc Aurèle (1). De plus un passage de Pline le jeune qui vivait sous Trajan prouve surabondamment que l'institution qui nous occupe était antérieure à Marc Aurèle : « *Sufficere tibi debet si exheredatus a matre quartam partem ex hereditate ejus accipias.* »

---

(1) La quarte dont Nicéphore attribue l'établissement à Marc Aurèle ressemble autant à la quarte antonine qu'à la quarte legitime. Comme Marc Aurèle, fils adoptif d'Antonin portait le nom de cet empereur, on pourrait peut-être ne pas chercher d'autre explication de la phrase de Nicéphore qui de toute façon est erronée.

de cujus ne laisse ni descendants ni agnats. Quand un individu est émancipé par son père adoptif, il n'a plus droit à aucune légitime Le Préteur appelle encore à la *bonorum possessio* dans la succession de son père et par-conséquent considère comme légitimaire le fils d'un émancipé, lorsqu'il est lui-même resté sous la puissance de son grand'père. — Ainsi donc en résumé d'après le droit civil n'avaient droit à une légitime, parmi les descendants que les *heredes sui*; le Préteur étend ce droit à ceux-là mêmes qui par l'effet d'une émancipation n'auraient pu y prétendre, et en certains cas à ceux à qui une adoption avait fait perdre ce droit.

Tous les descendants par les femmes se trouvaient jusque-là exclus, ou du moins ils ne pouvaient réclamer une légitime que lorsqu'ils arrivaient par la *bonorum possessio unde cognati*. En effet un descendant lors même qu'il n'avait que la *bonorum possessio unde cognati* pouvait intenter la *querela*, mais cette ressource était bien insuffisante dans une législation où l'agnation s'étendait à l'infini. Nous allons voir maintenant une série de mesures législatives combler les lacunes qui existaient encore dans le droit et le mettre en conformité avec les sentiments de la nature.

La quarte légitime a pour origine la jurisprudence du tribunal des Centumvirs érigée en règle de Droit. « Ainsi, dit M. Demangeat, le testateur qui veut s'assurer que son testament ne sera pas rescindé comme inofficieux, doit avoir soin de laisser à celui qui pourrait l'attaquer comme tel au moins le quart de ce qui lui reviendrait *ab intestat.* » Cette règle dut être établie à l'imitation de la quarte Falcidie. Le plébiscite qui porte le nom de loi Facidie et qui est de l'an 714 de la fondation de Rome décida qu'un héritier ne pourrait jamais être grevé de legs au-delà des trois quarts de sa part héréditaire (1). Justinien se souvenant de l'origine de notre quarte l'appelle la quarte Falcidie, ou bien la *quarta legitimæ partis*: les commentateurs l'ont appelée plus brièvement la légitime.

Nous allons étudier la légitime à trois époques différentes, dans le Droit antérieur à Justinien, dans le Droit de Justinien et enfin dans le Droit écrit.

DROIT ANTÉRIEUR A JUSTINIEN

Nous diviserons nos études en cinq paragraphes: § I. Quelles personnes ont droit à la

---

1. L. I. pr. ad. leg. Falc.

légitime? § II. Sur quels biens se calcule la légitime? § III. Quelles libéralités s'imputent sur la légitime? § IV. Du quantum de la légitime. § V. De l'action en complément de légitime?

§ I. — QUELLES PERSONNES ONT DROIT A LA LÉGITIME.

Ce sont les personnes qui peuvent intenter la *querela inofficiosi testamenti,* puisque la légitime a précisément pour but d'empêcher le testament d'être officieux, et par conséquent d'enlever aux héritiers du sang le droit de le faire rescinder. La question revient donc à se demander qui peut intenter la *querela.* Pour avoir la *querela* il faut être appelé à l'hérédité ou à la *bonorum possessio.* La *querela* appartient d'abord à tous les descendants venant à la succession du défunt, en vertu, soit de la loi des XII Tables, soit du sénatus-consulte Orphitien, soit des Constitutions impériales. La loi des XII Tables appelle en première ligne à l'hérédité (1) les *heredes sui,* ce qui comprend les descendants que le *de cujus* avait sous sa puissance paternelle et immédiate. Dans un cas pourtant l'*heres suus* n'a jamais été

1) *Trag. Ulp.* XXVI, § 1 *in fine.*

sous la puissance de *de cujus;* c'est dans le cas où un homme meurt laissant sa femme enceinte: cet enfant n'a jamais été *in potestate patris* (1). Les descendants sont *heredes sui* alors même qu'ils ne sont passés sous la puissance du père de famille que par le fait d'une adoption ou d'une adrogation. Disons toutefois que sous Justinien, l'individu adopté par un étranger, bien que venant à la succession de son père adoptif, n'aura pas dans la succession de celui-ci droit à une légitime. La femme *in manu* du *de cujus,* ou *in manu* de son fils est *loco filiæ* ou *neptis* et a droit à une légitime. Le Préteur accorde la *bonorum possessio unde liberi,* et par conséquent reconnaît le droit à une légitime dans la succession du père émancipateur, à l'enfant émancipé ou aux enfants qu'il a eus depuis son émancipation si lui-même est mort; aussi à l'enfant qui a été adopté ou adrogé, pourvu qu'à la mort de son père naturel il ne soit plus dans la famille adoptive et sauf la distinction qui sera faite par Justinien. L'enfant qui est encore *in adoptiva familia* n'a droit dans la succession de son père qu'à la *bonorum possessio unde cognati,* et par conséquent ne sera légitimaire que si le

(2) Inst. § 2, *in fine, De hered. quæ ab intestat. def.*

Le sénatus-consulte Orphitien appelle les enfants à l'hérédité de leur mère et par voie de conséquence leur donne des droits à une légitime ; ces enfants viennent en première ligne. Cette innovation était timide : elle fut complétée par une Constitution des empereurs Valentinien, Théodose et Arcadius (1) à la date de 389. Cette constitution appela en concours avec les fils ou leurs descendants, les descendants d'une fille prédécédée. Ces petits enfants concourent également avec les agnats jusqu'à Justinien qui a exclu ceux-ci.

Jusqu'à présent nous avons supposé que les enfants dont nous parlions étaient issus *ex justis justis;* les enfants qui ne sont pas issus *ex justis nuptiis* ont-ils eux aussi une légitime? Dans la succession de leur père les *spurii* n'ont jamais eû droit à une légitime, car aucun lien n'existe entre eux et lui. La question est plus délicate pour les enfants issus du concubinat. M. Boissonade admet que du moment que le concubinat fut reconnu par les lois *Julia* et *Papia Poppœa,* il donna aux enfants un *pater certus,* et qu'en conséquence ceux-ci furent appelés par le Préteur à la *bonorum possessio unde*

---

cognati ; c'est aussi l'avis de M. Pilette dans sa
lettre à M. de Rozière sur le concubinat chez
les Romains (1). Relativement à la mère il en
est autrement. Jusqu'au S. C. Orphitien les enfants n'ont il est vrai la *querela* que s'ils viennent à la sucession de leur mère par la *bonorum
possessio unde cognati ;* mais à partir du sénatus-
consulte, ils ont un droit moins précaire et ce
droit leur appartient tout comme aux enfants
issus *ex justis nuptiis.* En Droit romain les bâtards et les enfants légitimes sont égaux devant
la mère. Disons toutefois pour n'y pas revenir
qu'en vertu d'une Constitution de Justinien, si
la mère *illustris* laisse des enfants naturels et
des enfants issus *ex justis nuptiis,* les premiers
n'ont aucun droit à la succession *ab intestat* et
par suite ne peuvent demander aucune légitime.

Les posthumes aussi bien que les enfants nés
du vivant du *de cujus* ont droit à une légitime.
Voilà pour les descendants.

Les ascendants, eux aussi, ont droit à une
légitime; dans quel cas? C'est ce que nous
allons voir. Dans l'ancien droit civil de Rome
un ascendant peut venir à la succession de son
descendant dans deux cas. Le père émancipa-

1) T. xi de la *Revue historique.*

de cujus ne laisse ni descendants ni agnats.
Quand un individu est émancipé par son père
adoptif, il n'a plus droit à aucune légitime
Le Préteur appelle encore à la *bonorum possessio* dans la succession de son père et par-
conséquent considère comme légitimaire le
fils d'un émancipé, lorsqu'il est lui-même resté
sous la puissance de son grand'père. — Ainsi
donc en résumé d'après le droit civil n'avaient
droit à une légitime, parmi les descendants
que les *heredes sui;* le Préteur étend ce droit à
ceux-là mêmes qui par l'effet d'une émancipation n'auraient pu y prétendre, et en certains cas à ceux à qui une adoption avait fait
perdre ce droit.

Tous les descendants par les femmes se
trouvaient jusque-là exclus, ou du moins ils ne
pouvaient réclamer une légitime que lorsqu'ils
arrivaient par la *bonorum possessio unde cognati.*
En effet un descendant lors même qu'il n'avait
que la *bonorum possessio unde cognati* pouvait intenter la *querela*, mais cette ressource était bien
insuffisante dans une législation où l'agnation
s'étendait à l'infini. Nous allons voir maintenant une série de mesures législatives combler
les lacunes qui existaient encore dans le droit
et le mettre en conformité avec les sentiments
de la nature.

sous la puissance de *de cujus*; c'est dans le cas
où un homme meurt laissant sa femme enceinte: cet enfant n'a jamais été *in potestate patris* (1). Les descendants sont *heredes sui* alors
même qu'ils ne sont passés sous la puissance
du père de famille que par le fait d'une adoption ou d'une adrogation. Disons toutefois que
sous Justinien, l'individu adopté par un étranger, bien que venant à la succession de son
père adoptif, n'aura pas dans la succession de
celui-ci droit à une légitime. La femme *in
manu* du *de cujus*, ou *in manu* de son fils est
loco filiæ ou *neptis* et a droit à une légitime. Le
Préteur accorde la *bonorum possessio unde
liberi*, et par conséquent reconnaît le droit à une
légitime dans la succession du père émancipateur, à l'enfant émancipé ou aux enfants qu'il
a eus depuis son émancipation si lui-même
est mort; aussi à l'énfant qui a été adopté ou
adrogé, pourvu qu'à la mort de son père naturel il ne soit plus dans la famille adoptive
et sauf la distinction qui sera faite par Justinien. L'enfant qui est encore *in adoptiva
familia* n'a droit dans la sucession de son
père qu'à la *bonorum possessio unde cognati*, et
par conséquent ne sera légitimaire que si le

(2° Inst. § 2, *in fine*, *De hered. quæ ob intestet. def.*

légitime? § II. Sur quels biens se calcule la légitime? § III. Quelles libéralités·s'imputent sur la légitime? § IV. Du quantum de la légitime. § V. De l'action en complément de légitime?

§ I. — QUELLES PERSONNES ONT DROIT A LA LÉGITIME.

Ce sont les personnes qui peuvent intenter la *querela inofficiosi testamenti,* puisque la légitime a précisément pour but d'empêcher le testament d'être officieux, et par conséquent d'enlever aux héritiers du sang le droit de le faire rescinder. La question revient donc à se demander qui peut intenter la *querela.* Pour avoir la *querela* il faut être appelé à l'hérédité ou à la *bonorum possessio.* La *querela* appartient d'abord à tous les descendants venant à la succession du défunt, en vertu, soit de la loi des XII Tables, soit du sénatusconsulte Orphitien, soit des Constitutions impériales. La loi des XII Tables appelle en première ligne à l'hérédité (1) les *heredes sui,* ce qui comprend les descendants que le *de cujus* avait sous sa puissance paternelle et immédiate. Dans un cas pourtant l'*heres suus* n'a jamais été

---

1) *Trag.* Ulp. xxvi, § 1 *in fine.*

La quarte légitime a pour origine la jurisprudence du tribunal des Centumvirs érigée en
règle de Droit. « Ainsi, dit M. Demangeat, le
testateur qui veut s'assurer que son testament
ne sera pas rescindé comme inofficieux, doit
avoir soin de laisser à celui qui pourrait l'attaquer comme tel au moins le quart de ce qui lui
reviendrait *ab intestat*. » Cette règle dut être
établie à l'imitation de la quarte Falcidie. Le
plébiscite qui porte le nom de loi Facidie et qui
est de l'an 714 de la fondation de Rome décida
qu'un héritier ne pourrait jamais être grevé de
legs au-delà des trois quarts de sa part héréditaire (1). Justinien se souvenant de l'origine de
notre quarte l'appelle la quarte Falcidie, ou bien
la *quarta legitimœ partis* : les commentateurs
l'ont appelée plus brièvement la légitime.

Nous allons étudier la légitime à trois époques différentes, dans le Droit antérieur à Justinien, dans le Droit de Justinien et enfin dans
le Droit écrit.

DROIT ANTÉRIEUR A JUSTINIEN

Nous diviserons nos études en cinq paragraphes : § I. Quelles personnes ont droit à la

---

(1) L. 1. pr. ad. leg. Falc.

teur succède à son fils émancipé et n'est primé
que par les descendants de celui-ci. Le second
cas où un ascendant paternel succède à son
descendant est celui où le *de cujus* est un fils
de famille qui laisse un pécule *castrens*; nous
verrons tout à l'heure s'il y a lieu dans ce cas
à légitime.

En droit prétorien le *manumissor extra-
neus* à la *bonorum possessio unde legitimi*,
mais il est primé par ceux qui ont la *bonorum
possessio unde decem personæ* et dans ce nombre figurent les ascendants de l'émancipé. Voilà
donc un cas où des ascendants auront droit à
une légitime. Le Préteur ayant accordé au
parens manumissor omis dans le testament de
son fils émancipé la *bonorum possessio contra
tabulas* pour moitié, on peut se demander si le
parens a encore, en tant que père, droit à une
légitime, et peut par conséquent intenter la
querela, inofficiosi testamenti. En effet, pour
pouvoir intenter la *querela*, il faut n'avoir
aucun autre moyen de se procurer le quart de
la portion qu'on aurait eue *ab intestat*; or la
bonorum possessio contra tabulas donnera au
père émancipateur la moitié de l'héridité avant
Justinien et le tiers sous cet empereur. Il faut
soutenir néanmoins que l'avantage nouveau
accordé au *parens manumissor* par le Préteur,

2

et qui ne lui est accordé qu'en qualité de *ma-numissor*, ne diminuait en rien les droits qu'il avait en qualité d'ascendant. Un passage d'Ulpien nous le prouve (L. 1. § 6. D. *Si a parent. qui man*. xxxvii, 12).

Arrivons maintenant à la mère et aux autres ascendants maternels. Dans l'ancien droit la mère ne pouvait avoir droit à une légitime que lorsque *in manum mariti convenerat*. Le S. C. Tertullien créa une vocation héréditaire au profit de la mère; nous nous en tiendrons à cette simple donnée sans entrer dans les détails assez compliqués du S. C. Tertullien. Pour invoquer le sénatus-consulte une femme devait avoir le *jus liberorum*; cette exigence fut supprimée par Justinien qui innova encore en disant que la mère ne serait exclue par aucun parent collatéral. Les ascendants maternels autres que la mère ne peuvent jamais venir que par la *bonorum possessio unde cognati*. Peu importe dans tout ce que nous venons de dire que les enfants soient issus de justes noces ou d'une union passagère.

La troisième classe de parents qui ont droit à une légitime comprend les frères consanguins du défunt, *durante agnatione* jusqu'à Justinien; encore faut-il pour qu'ils aient ce droit que le

défunt ait institué des personnes notées d'infa-
mies. Il suffit que l'*existimatio* de l'institué ait
subi une légère atteinte pour que les pères
consanguins agnats puissent intenter la *querela*
et aient par conséquent droit à une légitime. La
loi 1 D. *de his qui not. inf.* rapporte l'édit du
Préteur et nous donne la liste de ceux qui se
trouvent dans le cas qui nous occupe ; les lois
suivantes sont un développement de cette loi
première. Nous y voyons figurer parmi les
infâmes celui qui a été chassé de l'armée pour
une conduite ignomineuse, celui qui est monté
sur le théâtre pour y danser ou y déclamer,
celui qui a fait un commerce de prostitution,
celui qui a été condamné par un jugement
public pour cause de calomnie ou de prévari-
cation. L'énumération de l'édit n'est pas complète ; aux individus qui y sont désignés, nous
joindrons ceux dont les biens ont été vendus en
masse par les créanciers pour cause d'insolvabilité et dont les noms figurent sur la colonne
infamante. Une *levis nota* inflignée par l'opinion publique atteint même les enfants de ceux
qui se livrent à l'art théâtral. Une Constitution
de Constantin qui est la loi 27 C. *de inoff. test.*
a assimilé aux personnes *non integræ existimationis*, l'affranchi ingrat, à moins que ce
ne fût un esclave institué héritier nécessaire.

— Les neveux ou nièces, oncles ou tantes, n'ont pas droit à une légitime (1).

En résumé, les descendants et les ascendants ont droit à une légitime quel que soit l'institué; les frères, au contraire, n'ont droit à une légitime que lorsque le défunt a institué des personnes notées d'infamie.

Les actes d'inconduite ou d'ingratitude sont des causes légitimes d'exhérédation ou d'omission et par conséquent enlèvent aux légitimaires leur droit à une légitime. On pourrait même opposer au fils les actes d'inconduite du père.

Voyons maintenant ce qui se passe par rapport aux militaires. Supposons d'abord que le défunt est un fils de famille; ses proches n'ont pas droit à une légitime sur les biens qui composent son pécule *castrens*; il en serait de même si le fils de famille était vétéran (2). Justinien étendit cette immunité aux biens composant le pécule quasi *castrens*. — Prenons maintenant un père de famille. Les proches d'un *de cujus* militaire n'ont pas droit à une légitime sur les biens de celui-ci s'il est mort au plus tard dans l'année qui a suivi son

---

(1) L. 21 C. *de inoff. test.*
(2) L. 24 C. *de inoff. test.*

congé (1). Mais si c'est un père de famille vétéran, la solution que nous avons donnée tout à
l'heure pour le fils de famille vétéran n'est plus
applicable ici, car on ne peut pas dire qu'il ait
un pécule, quand même il n'aurait pas d'autres
biens que ceux qu'il a acquis de l'armée (2).

Jusqu'à présent nous avons supposé que les
légitimaires étaient ceux qui seraient venus à
la succession du défunt s'il était mort *intestat;*
mais si le premier légitimaire n'intente pas la
querela, quelque autre aura-t-il droit à une
légitime? Telle est la difficile question dite de
la dévolution; question que nous allons examiner en nous aidant souvent de la belle mo-
nographie de M. Labbé sur le calcul de la
réserve.

Le texte qui est le point de départ de toute la
question est la L. 31 pr. D. *de inofficioso testamento :* « *Si is qui admittitur ad accusationem nolit, aut non possit accusare an sequens
admittatur videndum est, et placuit posse :
ut fiat successioni locus.* » Une application de
ce texte est à la loi 14 D. *de inoff. test.* Voilà
donc qui est bien certain : la dévolution a lieu
en certain cas; Paul le dit formellement. Mais

---

(1) L. 8. § 4. D. *de inoff. test.*
(2). L. 8. § 3. D. *de inoff. test.*

quels sont ces cas? C'est ici que commence la difficulté.

Commençons par déterminer les cas où il est certain que la dévolution de la *querela inofficiosi testamenti* et par conséquent du droit à une légitime n'a pas lieu. Tout d'abord il est bien certain que si les premiers légitimaires sont héritiers, ceux qui viendraient à leur défaut n'ont rien à prétendre; le fils étant *heres* le père ne peut certainement pas réclamer une légitime; d'ailleurs il faut être celui qui serait appelé à la succession *ab intestat* pour avoir droit à une légitime et le père n'est certainement pas dans ce cas. L'argument contraire qu'on pourrait tirer de la loi 31 § 1 D. *h. t.* n'est pas sérieux. La légitime, avons-nous dit, est la portion de biens qu'une personne doit laisser à certains de ses proches pour ne pas violer à leur égard *l'officium pietatis*. Cet *officium pietatis* se concentre sur la tête du plus proche des légitimaires comme l'affection même dont il est la conséquence et la sanction. Le législateur ne peut trouver mauvais qu'un homme qui a un fils ne laisse rien à son père. Il en serait de même si le fils exhérédé avait reçu du *de cujus* son père par legs ou autrement le quart de sa part héréditaire, c'est-à-dire sa légitime. D'ailleurs dans ce cas comme dans le précédent, il ne peut pas être question de dévolution, puisque les légitimaires du premier degré sont en possession de leur droit.

La question devient plus délicate si nous supposons un fils n'ayant pas reçu toute sa légitime, et par piété filiale ne se plaignant pas. « Je ne sais, dit M. Labbé, quelle eût été la décision des jurisconsultes romains ; l'affinité de la querelle d'inofficiosité avec la pétition d'hérédité *ab intestat* a pu les entraîner à admettre la dévolution.» Cela est d'autant plus vraisemblable que cette hypothèse ressemble fort à une autre hypothèse que nous allons examiner dans un instant et où il est certain qu'il y a dévolution : nous voulons parler du cas où le fils n'a rien reçu du tout. Dans l'un et l'autre cas, le testament peut être attaqué comme inofficieux ; il serait étrange qu'une donation d'un denier empêchât la dévolution du droit à une légitime du fils au père du *de cujus*. Au surplus le législateur n'envisage que *id quod plerumque fit*, et quand le fils non rempli de sa légitime n'intente pas la *querela*, il y a lieu de présumer que c'est parce qu'il craint de succomber. Nous verrons plus tard si la même solution est ou n'est pas applicable à l'époque Justinienne. Supposons maintenant un fils institué pour le tout, mais grevé de legs qui ne lui laissent pas

sa légitime: ce fils exécute le testament; y
aura-t-il lieu à dévolution? Non; dévolution
veut dire passage d'un droit d'une tête sur une
autre; or, ici, le fils n'a pas la *querela*; il ne
peut invoquer que la loi Falcidie. De plus il est
évident qu'ici le fils ne se soumet pas à la volonté de son père par crainte de succomber;
son silence ne prouve pas qu'il est justement
exhérédé, puisqu'il pourrait, sans courir aucun
risque, réclamer, à l'aide de la loi Falcidie, le
quart de la succession. Si le fils rempli de sa
légitime par institution ou legs renonce ou
ne réclame pas, il n'y a pas non plus lieu à
dévolution; d'abord parce que cette renonciation doit profiter à l'héritier, ensuite parce que
le fils n'ayant pas démérité, le *de cujus* avait
des devoirs envers lui et n'en avait pas envers
le légitimaire du second degré.

Quels sont les cas dans lesquels il est certain
qu'il y a dévolution? Les voici : un père exhérède son fils et ne lui confère aucune libéralité;
le fils n'intente pas la *querela*, ou bien l'intente
et succombe : la *querela* est ouverte aux légitimaires du second degré (1). M. Labbé critique
vivement cette décision en disant que le testa-

---

(1) L. 31, pr. D. et L. 14. D. *de inoff. test.*

teur est mis dans la nécessité de pourvoir subsidiairement à l'intérêt d'un légitimaire qui
certes, *ab intestat*, ne fût pas venu à l'hérédité.
La critique peut être fondée au point de vue
juridique ; mais, en se plaçant sur un autre
terrain, on peut dire que le père de famille qui
a retiré à ses enfants son affection dont ils sont
indignes, doit la reporter tout entière sur ses
petits-enfants ou sur ses ascendants. Au surplus, du moment qu'il est établi judiciairement
ou par l'aveu même du légitimaire du premier
degré que celui-ci a été exhérédé justement, il
est censé n'avoir jamais eu de droits à la succession du défunt et n'avoir pas, par conséquent primé le légitimaire du second dégré :
exheredatus pro mortuo habetur.

Pour résumer, nous dirons qu'il y a dévolution de droit à une légitime au profit du légitimaire du second degré, quand le légitimaire du
premier degré a été justement exhérédé, et non
pas dans tous les cas où il a été exhérédé. En
effet, si le légitimaire du premier degré est injustement exhérédé, il n'y a pas dévolution,
parce que l'*officium pietatis* n'a pas été violé
à l'égard du légitimaire du second degré, que
j'appellerai Secundus. Les devoirs qui résultent
de la *pietas* s'imposent au profit des divers
degrés de légitimaires d'une façon successive ;

pour que le testateur ait des devoirs envers Secundus, il faut qu'il n'en ait pas envers Primus ;
or, puisque nous supposons Primus injustement
exhérédé, il en résulte que le testateur avait des
devoirs envers lui et n'en avait pas envers Secundus. La justice de l'exhérédation se prouve
ou par une décision judiciaire ou par l'aveu
tacite du légitimaire, qui *repudiantis animo*
n'intente pas la *querela*. Ce droit à une légitime
n'existera que virtuellement, tant que le légitimaire du premier degré n'aura pas succombé
ou n'aura pas reconnu qu'il est justement exhérédé ; ce n'est que dans ces deux cas qu'il y
aura lieu pour Secundus d'intenter la *querela* ;
mais, en principe, dès que Primus est justement
exhérédé, Secundus a droit à une légitime.

Jusqu'ici tout va bien ; mais aux textes sur
lesquels nous nous appuyons, on oppose un
texte de Justinien qui semble bouleverser tout
ce système. Primus exhérède son fils Secundus
et omet son petit-fils Tertius fils de Secundus ;
Primus a institué un étranger *deliberante scrip-
to herede*, Secundus le fils, meurt sans avoir
intenté ni manifesté l'intention d'intenter la *querela*. Quelle est la position de Tertius avant
Justinien ? *Omne adjutorium nepotem dere-
liquito*, dit l'empereur (1). Ainsi donc il semble

_____

(1) L. 34. C. de inoff. test.

qu'avant Justinien, il n'y avait pas dévolution dans l'hypothèse que nous venons d'indiquer ; mais alors que deviennent les lois 31 et 14 de notre titre ? Plusieurs conciliations ont été tentées entre ces deux textes. Vinnius et Pothier, dont l'opinion est aussi partagée par M. Vernet, supposent que Justinien n'a eu en vue que l'action personnelle au fils, et c'est en supposant que le petit-fils ne peut lui-même intenter la *querela* parce qu'il est ingrat, que l'empereur dit : *Omne adjutorium eum dereliquit*. On peut reprocher à cette conciliation d'être divinatoire, car c'est gratuitement que Vinnius et Pothier supposent que le petit-fils a été ingrat. M. Labbé donne une explication toute différente et beaucoup plus satisfaisante pour l'esprit. M. Labbé suppose que Secundus et Tertius sont tous deux sous la puissance de Primus, et, dit-il, il est très-vrai que dans ce cas *omne adjutorium nepotem dereliquit*. En effet, Tertius ne peut avoir aucune vocation héréditaire ; le droit civil l'écarte, puisqu'il n'est pas héritier sien ; par le même motif et, en outre, par la raison qu'il n'a pas été émancipé, le préteur ne lui accorde ni la *bonorum possessio contra tabulas*, ni la *bonorum possessio unde liberi*. Comme il ne peut avoir que la *bonorum possessio unde cognati*, on peut dire sans grande exagération que le

petit–fils est sans ressources. On objecte que
c'est introduire dans le texte un élément nouveau, que c'est supposer que le fils et le petit-
fils sont tous deux sous la puissance de Primus.
«Je répondrai, dit M. Labbé, que dans la loi 9,
§ 2. D. 28.2, le jurisconsulte n'est pas plus
explicite, et pourtant il le sous–entend, puisqu'il décide que le petit–fils sera héritier légitime ; en effet, l'émancipation ne doit pas se
présumer.»

Tout en admettant sans réserve l'explication
donnée par M. Labbé, je suis tenté de générali-
ser le texte et de croire que le petit–fils n'a
droit à une légitime dans aucun cas, lors même
que le fils étant resté sous la puissance du *de
cujus*, le petit–fils en serait sorti. Il n'y a dévolution, ainsi que j'ai essayé de l'établir, que
quand le légitimaire du premier degré succombe après avoir intenté la *querela*, ou bien
s'abstient *repudiantis animo*. Il est clair que si
huit jours après l'adition d'hérédité, le légitimaire du premier degré n'a pas intenté la *querela*, ce retard parfaitement explicable n'autorise
pas le légitimaire du second degré à invoquer la
dévolution pour intenter la *querela*, il faut qu'il
établisse que le légitimaire du premier degré a
succombé dans la *querela* ou a renoncé à l'intenter.
Or, ici le père n'a nullement renoncé à intenter la

querela ; il s'est tenu sur l'exspectative, attendant l'adition pour commencer les poursuites:
en effet, il ne pouvait intenter la *querela* faute
d'adversaire avant que l'héritier eût fait adition, et précisément il est mort avant l'adition.
Son silence n'implique donc pas de sa part *repu-
diatio* ; dès lors il n'y a pas lieu à dévolution et
Justinien a raison de dire que le fils est sans
recours. Dans ce texte, Justinien ne s'occupe
pas de la dévolution de la *querela*, il n'a en vue
que la *querela* qui naît au profit du frère et dont
il veut assurer la transmission. La particularité
que le fils est mort *deliberante adhuc herede* est
ici le point important; car si le frère pouvant
intenter la *querela* y a de son vivant renoncé,
alors Justinien ne protége plus le petit-fils,
c'est qu'en effet le petit-fils trouve alors un
remède dans l'ancien droit, à savoir la dévolution.

§ II. — SUR QUELS BIENS SE CALCULE LA LÉGITIME

La loi Falcidie décidait qu'un testateur ne
pouvait léguer plus des trois quarts de sa fortune, de façon qu'un quart au moins restât
toujours aux mains de l'héritier. La quarte légitime étant une imitation de la quarte Fal-

cidie, il était tout simple qu'on empruntât à la loi Falcidie, pour les appliquer à la légitime, les règles sur la détermination des biens devant former la masse. La légitime étant une fraction déterminée de la part *ab intestat* du légitimaire, il est clair qu'on devait la calculer sur les biens laissés par le *de cujus* à son décès en retranchant les dettes et les frais funéraires (1). Il y a plus ; les libertés données par testament doivent aussi d'autant diminuer la légitime. Voici le raisonnement que fait la loi 8, citée plus haut pour expliquer cette décision. Un fils est institué pour le tout ; lors même que des legs ne lui laisseraient pas sa légitime, il ne peut intenter la *querela*, parce qu'il a la ressource de la Falcidie ; mais la quarte Falcidie ne se prend pas sur les libertés léguées. Il faut donc dire aussi qu'on ne doit calculer la légitime qu'après avoir fait déduction des libertés. C'est un raisonnement par analogie. Mais alors, dit le texte, les héritiers du sang pourront se trouver sans garantie. En effet, à l'époque où nous nous plaçons, c'est-à-dire avant Justinien, si un testateur, dont la fortune ne comprend que deux esclaves, les affranchit, l'héritier du sang

(1) L. 8, § 9. D. *de inoff. test.*

n'aura rien. Supposons que le légitimaire, le fils, est institué héritier. S'il était sous la puissance du *de cujus*, il est *heres neces-sarius ex testamento*, et par conséquent sans ressources. Si, au contraire, il était sorti de la puissance du *de cujus*, ou bien si c'est un ascendant, et qu'il ait un substitué, il pourra répudier l'hérédité et intenter contre le sub-stitué la *querela inofficiosi testamenti*. S'il n'y a pas de substitué, le légitimaire institué ré-pudiera la succession et prendra l'héritage *ab intestat* sans tomber pour cela sous le coup de la peine prononcée par l'édit entre ceux qui répudient frauduleusement une succession pour la prendre ensuite *ab intestat* au préju-dice des légataires. Telles sont les solutions données par la loi 8 ; mais on peut se demander si ces solutions, émanées d'Ulpien, sont con-cordantes entre elles. Un père a deux esclaves et n'a que cela ; la loi Fusia Caninia lui permet d'affranchir ces deux esclaves ; il les affranchit donc par un testament dans lequel il institue son fils en lui substituant Primus ; le fils que nous supposons émancipé répudie et intente la *querela* contre Primus. Pour que la *querela* puisse aboutir, il faut que le fils établisse qu'il n'a pas le quart de la succession ; or, la masse ne se calcule que *deductis libertatibus*. Mais les libertés déduites, il ne reste rien ! Donc, la quarte légitime aussi se réduit à rien, et la *querela* ne peut aboutir ! Il est probable qu'Ulpien suppose que les affranchissements étaient, dans l'espèce, à la charge de l'institué sans être à la charge du substitué ; car ce jurisconsulte admettait, malgré les termes qui semblent absolus d'un rescrit d'Antonin, qu'on pouvait induire de diverses circonstances que les charges imposées par le testateur à l'institué n'étaient pas imposées au substitué. (1). Après avoir fait subir au patrimoine les déductions que nous venons de voir, on comprend dans la masse les biens laissés à l'héritier, plus les choses formant l'objet de legs et autres libéralités testamentaires. On y comprend aussi les biens qui ont été l'objet de donations à cause de mort (1). Mais on ne comprenait pas les biens donnés entre vifs ; ceci était parfait au point de vue des principes, puisque, ainsi que nous le verrons, la légitime était une quote-part de ce que le légitimaire aurait recueilli *ab intestat;* or, assurément, *ab intestat*, il n'aurait pas recueilli les biens formant l'objet de la libéralité entre

_____

(1) Voir L. 74. D. *de leg. et fid.* L. 25. D. *de man. test* et Cujas. T. IV. OEuv. post. *in tit. 2 de inoff. test.* L. V. D. § 9 de la loi 8.

(1) L. 2. C. *de don. causa mortis.*

vifs. Il en résultait que, pour ne rien laisser aux légitimaires et pour ne pas exposer son testament à la *querela inofficiosi testamenti*, le testateur n'avait qu'à épuiser entre vifs son patrimoine. Ce fut pour remédier à cet inconvénient qu'on créa la *querela inofficiosæ donationis*.

Il y avait un précédent dans l'histoire du Droit romain; ce précédent se trouvait dans la loi Cincia. La loi Cincia, qui est un plébiscite de l'an 519 ou 550 de Rome, était désignée par les Romains sous le nom de *lex numeralis*, ou encore de *lex de denis et numeribus*. Elle contenait deux dispositions : l'une, politique, proscrivait les honoraires habituellement donnés aux avocats ; l'autre, de droit privé, défendait les donations au-delà d'un certain *modus*, ou plutôt changeait les conditions de la perfection des donations. D'après l'opinion commune, la loi Cincia ne permettait de faire des donations au-delà d'un certain *modus*, aujourd'hui inconnu, qu'à certaines personnes ; cette loi, et c'est aussi l'avis d'Ulpien, est généralement rangée parmi les lois qui manquent de sanction, parmi les lois imparfaites. D'autres auteurs la considèrent tout différemment.

Si une donation est faite *extra modum* à une personne non exceptée, la donation ne sera

3

parfaite qu'autant que le donateur n'aura conservé aucun moyen de droit, aucune action ni exception ; car la loi Cincia ne permet au donateur que d'user efficacement des moyens de droit dont il n'aurait pu user sans elle. Le but de cette loi était sans doute de prévenir les conséquences d'un entraînement irréfléchi. Bien qu'aucune distinction ne soit formulée dans la loi Cincia, je pense qu'elle ne s'applique pas aux donations *mortis causa*, car ces donations étant révocables par le seul changement de volonté du donateur, il n'était pas besoin d'armer celui-ci d'une exception pour prévenir les effets d'un acte qu'il aurait fait d'une manière irréfléchie.

Pour comprendre le mécanisme de la loi Cincia, il faut poser des hypothèses. Supposons une donation faite par translation de propriété d'une *res mancipi*, d'un immeuble italique. Il faut distinguer quatre cas : 1° Il y a eu entre le donateur et le donataire un simple pacte sans livraison, ni mancipation. Rien n'est fait et il n'y a pas à distinguer si la donation est *intra modum* ou *extra modum* ; cette donation est *non cœpta* ; elle est non avenue ; 2° L'immeuble italique a été mancipé, et il n'y a pas eu de tradition. Si la donation est *intra modum* ou *extra modum*, mais *exceptœ personœ*, nous

dirons qu'elle est *perfecta* et que le donataire
a acquis le *dominium ex jure Quiritium*. Si, au
contraire, elle est *extra modum* et *non exceptœ
personœ*, elle est *imperfecta*; le donateur opposera à la revendication du donataire l'exception de la loi Cincia; 3° Supposons que l'immeuble a été livré et non mancipé. Si la donation est *infra modum* ou *extra modum*, mais
exceptœ personœ, elle est *perfecta*. Mais si elle
dépasse le *modus* et qu'elle soit faite à une
personne non exceptée, elle est *imperfecta*. Le
donateur qui a livré et non transféré la propriété intentera la *rei vindicatio*; le donataire
opposera l'exception *rei donatœ et traditœ*;
mais, en définitive, le donateur triomphera par
la réplique de la loi Cincia; 4° L'immeuble
donné est livré et mancipé; le donateur n'a
rien retenu; la donation est *perfecta*, elle est
irrévocable, et le législateur lui-même l'a
voulu. On dit généralement qu'ici le législateur
a été imprévoyant. Peut-être est-ce à dessein
qu'il a laissé le donateur sans recours. En effet,
les paragraphes 311, 312 et 313 des Fragments
du Vatican examinent le point de savoir si la
donation est parfaite ou non. En outre, il nous
semble que le rapprochement d'une donation
contraire à la loi Cincia et d'une donation nulle
démontre cette théorie. Le § 294 des Frag-

ments du Vatican fournit cette comparaison. Une fille est sous la puissance de son père ; le père qui lui a fait une donation meurt, sa fille étant toujours sous sa puissance et sans avoir changé cette donation en un legs ; le bien ainsi donné sera partageable entre la sœur et les frères, car la donation n'a aucune existence. Tout autres sont les règles qui régissent la donation faite non conformément à la loi Cincia, car alors l'exception de la loi Cincia, grâce à la persévérance de la volonté du père, échoue devant une *replicatio doli*. Ainsi le donateur a mancipé l'immeuble italique et ne l'a pas livré ; il meurt sans avoir changé de volonté ; le donataire revendique ; l'héritier du donateur oppose l'exception *legis Cinciæ*, et le donataire la *replicatio doli*, car *morte Cincia removetur*. La donation imparfaite, d'après la loi Cincia, et qui le serait sans cette loi, le devient par le décès du donateur ; la donation faite à la fille est nulle. Je conclus qu'on a tort de rapprocher la loi Cincia des lois Furia et Voconia ; ces lois sont réellement prohibitives, tandis que la loi Cincia ne prohibe rien du tout. Cette loi était peu protectrice des intérêts de la famille, puisque le *de cujus* avait pu, à l'aide de nombreuses donations *infra modum*, consumer son patrimoine entier ; en outre, les personnes non exceptées étaient souvent, du vivant même du donateur, à l'abri de toute atteinte ; enfin, pour que les héritiers pussent invoquer l'exception *legis Cinciæ*, il fallait que le donateur eut, avant son décès, manifesté l'intention de révoquer la donation. Aussi l'empereur Alexandre Sévère, permit, par un rescrit (1) d'attaquer comme inofficieuses les donations entre vifs par lesquelles le défunt aurait diminué son patrimoine de manière à ne pas laisser à son décès le quart de tous les biens qu'il avait eus. L'empereur Constance, fils de Constantin-le-Grand, permit, en 358, d'attaquer comme inofficieuses les constitutions de dot (2). Il semble donc qu'il devrait y avoir un nouvel élément à ajouter à la masse fictive représentant l'actif du *de cujus*, à savoir les biens donnés entre vifs. Malheureusement, les textes ne donnent pas de solution ; ils prévoient beaucoup d'espèces sans poser un principe ; et nous ignorons même si l'énormité de la donation et l'intention de frauder le légitimaire étaient des conditions du droit de critique. La *querela inofficiosæ donationis* n'était primitivement accordée que quand le défunt laissait un testament. Un rescrit des empereurs

---

(1) L. 87 § 3. D. *de leg.* 2°.
(2) L. *un.* C. *de inoff. dot.*

Valentinien et Gallien décide que l'équité veut que la querelle d'inofficiosité soit accordée contre les donations excessives de ceux-là mêmes qui sont morts *ab intestat*.

§ III. — Quelles libéralités s'imputent sur la légitime. ?

Les libéralités que le légitimaire a pu recevoir du défunt sont de diverses sortes; le légitimaire a pu recevoir des libéralités testamentaires, des donations à cause de mort, des donations entre vifs. Toutes ces libéralités sont-elles imputables sur la légitime? Non, assurément. « *Igitur quartam quis debet habere, ut de inofficioso testamento agere non possit, sive jure hereditario, sive jure legati vel fideicommissi, vel si mortis causa quarta donata fuerit*..... (1) » Ainsi donc, le légitimaire doit imputer sur sa quarte ce qu'il a reçu à titre d'héritier, de légataire, de fidei commissaire ou de donataire à cause de mort. Quand aux donations entre vifs, en principe, il faut décider qu'elles ne s'imputent pas sur la quarte, et qu'elles constituent un avantage indépen-

_____

(1) Inst. Just., L. 2, T. 18, § 6.

dant de celle-ci. Toutefois, dans un cas particulier, ce principe reçoit une grave exception
que nous allons examiner.

Le père en faisant une donation entre vifs à
son fils, a déclaré vouloir que cette donation
s'imputât sur la légitime. Cette déclaration de
volonté doit-elle être respectée par le fils donataire? Vinnius et parmi les commentateurs
modernes, MM. Demangeat et Vernet soutiennent que les jurisconsultes classiques n'étaient
pas d'accord ; Paul et Papinien auraient décidé
que le fils n'était pas lié et pouvait réclamer sa
quarte sur les biens laissés par le *de cujus*,
nonobstant toute condition contraire par lui
consentie ; Ulpien aurait été d'un avis opposé.
M. Labbé ne croit pas à cette dissidence et les
raisons qu'il donne me semblent irréfutables.

La décision que nous venons d'indiquer plus
haut parait choquante à M. Labbé, car la condition d'imputer la libéralité sur la quarte
est une charge très licite. Le père a voulu
conférer au donataire un avantage plus grand,
plus assuré que ne le serait une libéralité à
cause de mort, et il serait étrange qu'il
n'eut pu y mettre une condition, une limite.
Dira-t-on (dans tout ce passage, je cite presque
textuellement M. Labbé) que c'est un pacte sur
succession future nul comme tel? Mais ce n'est

pas faire un acte prohibé que de combiner ensemble les règles de la donation entre vifs et les règles de la donation à cause de mort, quand on peut faire l'une et l'aututre de ces donations.

Etant bien établi que l'interprétation nouvelle de M. Labbé ne choque en rien la raison, que; tout au contraire, elle est éminemment rationnelle, arrivons aux textes.

Ces textes les voici :

Nous voyons d'abord un texte d'Ulpien qui est le *principium* de la loi 25 D. *de inoff. test. : Si non mortis causa fuerit donatum, sed inter vivos, hac tamen contemplatione ut in quartam habeatur, potest dici inofficiosi querelam cessare, si quartam in donatione habet.....* » Passons maintenant au texte de Papinien qui est la loi 16 D. *de suis et leg. hered* (xxxviii 16) : « *Pater instrumento dotali comprehendit, filiam ita dotem accessisse ne quid aliud ex hereditate patris speraret; eam scripturam jus successionis non mutasse constitit.....* »

Enfin, voyons le § 8 du livre iv du titre V des Sentence de Paul : « *Pactio talis, ne de inoficioso testamento dicatur, querelam super judicio futuram non excludit.....* » De tous ces textes, que résulte-t-il ? Le texte de Papinien veut dire ceci : Le père dote sa fille à la condition que cette dot tiendra lieu à celle-ci de légitime; la fille, sans savoir si cette dot est équivalente à la légitime

à laquelle elle aura droit plus tard, renonce à
intenter la *querela*; et le jurisconsulte décide
que la fille n'est pas liée par son engagement.
Cette question, la seule traitée par Papinien,
n'est, on le voit, pas du tout la nôtre; Papinien
d'ailleurs a parfaitement raison, car une renonciation anticipée à succession future a toujours
été considérée comme nulle. Le texte de Paul
est dans le même ordre d'idées. Donc, nous
n'avons rien à faire avec ces textes qui sont
étrangers à notre matière. Reste le texte d'Ulpien. Oh! celui-là est précis, il prévoit notre
hypothèse avec une netteté parfaite : une donation a été faite à un légitimaire sous la condition qu'elle serait imputable sur sa légitime, si
cette donation le remplit de sa quarte, il ne peut
intenter la *querela*. Ulpien indique-t-il cette
opinion comme lui étant personnelle, comme
n'étant pas celle des autres jurisconsultes, ses
contemporains ou ses devanciers? Nullement.
Nous avons donc un texte qui nous est favorable, et quant à ceux qu'on nous oppose, nous
en récusons complétement l'autorité, puisqu'il
prévient une hypothèse différente de la nôtre.
Aussi je n'hésite pas à dire que si une donation
est faite sous la condition de s'imputer sur la
légitime, cette condition oblige le légitimaire
qui l'a consentie. Nous verrons plus tard ce qui

fut décidé en cette matière par Justinien. Si
nous arrivons au Bas–Empire, nous voyons
en 279 une constitution de l'empereur Zénon (1).
décider que les dots ou donations *ante nuptias*
s'imputeraient sur la légitime.

§ IV. DU QUANTUM DE LA LÉGITIME.

Nous avons vu qu'à l'origine aucune règle
ne fut posée pour déterminer la portion de
biens que le *de cujus* devrait avoir laissé à son
héritier pour n'avoir pas à craindre la *querela*.
Plus tard il fut décidé, nous savons comment,
que cette portion serait le quart de la part *ab
intestat* du légitimaire. Nous ne disons pas le
quart de la succession, car il peut arriver que
les légitimes réunies des divers légitimaires ne
s'élèvent pas au quart de la succession.

Si le défunt laisse un frère légitimaire et deux
institués dont l'un est une personne *turpis* et
l'autre une personne *non turpis*, le frère n'aura
droit je crois qu'à une légitime d'un hui-
tième (1).

Pour savoir si chaque légitimaire a sa légi-

---

(1) L. 29 D. *de inoff. test.*

time, en principe on doit faire ceci : Supposer
que le *de cujus* est mort *intestat*, calculer ce
qui serait revenu à chaque légitimaire, et prendre le quart de ce chiffre. Soit un *de cujus* qui
laisse 80, il y a quatre enfants. *Ab intestat*
chaque enfant aurait 20 ; chaque enfant doit
donc avoir 5 pour être rempli de sa légitime.
Mais pour faire ce calcul, doit-on compter les
enfants exhérédés ? Là dessus on est loin d'être
d'accord. Bartole, Doneau et Vinnius et parmi
les romanistes contemporains, M. Labbé, enseignent que l'exhérédé doit faire part. Cujas,
sur la Novelle 18 est d'un avis différent, il
faut choisir.

Nous rechercherons tout à l'heure ce que
disent les textes ; examinons d'abord la question au point de vue rationnel. Je répéterai ici
ce que j'ai dit plus haut, à savoir que les droits
de chaque enfant à l'affection paternelle ne
sont limités que par les droits égaux des autres
enfants ; *concursu partes fiunt*. Lors donc que
le père de famille a des devoirs à remplir envers l'un de ses enfants, le droit des autres est
diminué d'autant, et le père a des devoirs à
remplir envers un enfant, lorsque celui-ci ne
lui a donné aucun juste motif d'exhérédation.
C'est ce qui fait qu'un individu qui n'a pas de
juste cause d'exhéréder son fils ne doit pas de

légitime à son père ; mais si la conduite du fils
a mécontenté le père assez gravement pour que
celui-ci ait été en droit de le déshériter, alors
les droits du père ne rencontrant plus d'obsta-
cle peuvent s'exercer et il y a lieu à légitime
au profit du père. C'est le cas de la dévolution
que nous avons étudié. Nous appliquerons ici
la même solution. Lorsqu'un père aura justement exhérédé son fils, il n'y aura pas, si l'on
veut, accroissement de la légitime de ce fils, au
profit des légitimes de ses frères, parce qu'il
n'y a accroissement que de ce qui existe et que
cette légitime n'existait pas, puisque le fils s'en
était rendu indigne. Mais il y aura accroissement de la part d'affection à laquelle ce fils
aurait pu prétendre s'il n'avait démérité, au
profit des parts des frères non déméritants. Ce
fils justement exhérédé est pour le père comme
s'il n'existait pas, et la conséquence est qu'on
ne doit pas le comprendre pour le calcul de la
légitime. J'ai déjà dit que la preuve de la justice de l'exhérédation résultait de deux faits :
une sentence judiciaire, ou bien l'aveu du légitimaire lui-même qui n'intente pas la *querela
repudiantis animo*. Si le légitimaire est injustement exhérédé, cette exhérédation ne profitera pas à ses frères, parce que le *de cujus* n'a
pas manqué à leur égard à l'*officium pietatis ;*

il a enlevé à l'exhérédé la part qu'il eut dû lui laisser, mais précisément parce qu'il devait cette part à l'exhérédé, il ne la devait pas aux autres. Supposons maintenant qu'un fils pourvu de sa quarte renonce ; sa part accroîtra-t-elle aux autres légitimaires? Nullement. C'est ici le cas de dire que la légitime a un caractère individuel; le bénéfice de cette renonciation sera pour les héritiers. Les autres légitimaires pourvus de leur quarte n'auront pas le droit d'intenter la *querela*, parce que le père n'a pas enfreint à leur détriment l'*officium pietatis ;* le père devait laisser au renonçant la part qu'il lui a laissée, et par conséquent il ne devait pas la laisser à ses autres enfants.

Arrivons aux textes. Je pose en principe que les règles qui sont applicables à l'étendue à donner à la demande d'inofficiosité, sont aussi applicables pour la fixation du chiffre de la légitime. En effet, la *querela* est un cas de la *petitio hereditatis ;* on l'intente dans la mesure de la part héréditaire ; les règles qui déterminent la mesure dans laquelle on doit intenter la *querela*, sont donc les mêmes que celles qui fixent la part héréditaire ; et comme la légitime est le quart de la part *ab intestat* il en résulte que déterminer dans quelle mesure on peut intenter la *querela*, revient à déterminer le chiffre de la légitime. Vous intentez la *querela* pour moitié ; donc votre légitime est du quart de la moitié de la succession.

Nous avons donc à rechercher dans quelle mesure, lorsqu'un légitimaire est exhérédé, les autres légitimaires peuvent intenter la *querela*. Le premier texte à citer est le § 8 de la loi 8 D. *de inoff. test :* « *Videndum erit an exheredatus partem faciat qui non queritur ; utputa sumus duo filii exheredati. Et utique faciet ut Papinianus respondit ; et si dicam inofficiosum, non totam hereditatem debeo, sed dimidiam petere.* » Le *de cujus* a exhérédé Primus, mais tant qu'il ne sera pas établi que Primus a été exhérédé justement, Secundus ne pourra pas considérer son frère comme non existant. Or, rien ne prouve que Primus est exhérédé justement, puisque d'une part il n'y a pas eu de sentence rendue contre lui, et que d'autre part on ne peut induire de son silence qu'il entend renoncer à la *querela*. Aussi Vinnius dit-il : « *Pater duos habens filios utrumque exheredavit et neutri legitimam reliquit. Hoc casu, cum uterque queri possit, si unus tantum querelam moveat, alter interim partem faciet ita ut ille qui queritur, tantum semissem hereditatis petere debeat ; ita ut si alter postea accusare nolit, aut tempore exclusus sit, pars ejus accrescat ei qui egit et obtinuit.* « Relevons en passant ce qu'il y a de profondément juste dans cette phrase de Vinnius, « *alter interim partem facit,* provisoirement l'autre fait part » ; il est impossible de mieux dire.

Supposons maintenant que la justice de l'exhérédation de Primus ne fasse plus doute. Les textes ont prévu ce cas : « *Qui repudiantis animo non venit ad accusationem inofficiosi testamenti, partem non facit his qui eamdem querelam movere volunt* (1). » Et plus loin : « *Si duo sint filii exheredati, et ambo de inofficioso testamento egerunt, et unus postea constituit non agere, pars ejus alteri adcrescit. Idemque erit et si tempore exclusus sit* (2). Au moment où Secundus se prépare à intenter la *querela,* il n'y a donc plus de doute sur le point de savoir si Primus est justement exhérédé ; aussi les textes permettent-ils à Secundus d'agir pour le tout. Quelle est la raison de cette solution? Elle est au paragraphe 5 *in fine* de la loi 1 au Digeste, *de conjungend. cum emancip :* « ..... *exheredatus pro mortuo habetur.* » Oui pour le *de cujus* l'exhérédé est comme s'il n'existait pas ; il n'y a pas à en tenir compte dans la répartition de la succession.

---

(1) L. 17 pr de inoff. test.
(2) L. 23. D. § 2 cod. tit.

On nous objecte que les légitimaires vont alors avoir droit à une légitime supérieure au quart de leur part *ab intestat*. Cette objection ne me touche pas, car si elle était admise il faudrait repousser la dévolution dont le principe repose pourtant sur un texte précis; car, au cas de dévolution, un individu qui, *ab intestat*, n'aurait rien recueilli du tout se trouve avoir droit à une légitime. Et puisque nous parlons de dévolution, disons que cette explication a l'avantage de mettre d'accord deux décisions que M. Labbé déclare inconciliables. Un père exhérède son fils et ne lui confère aucune libéralité; le fils n'intente pas la *querela repudiantis animo*, ou bien l'intente et succombe; la *querela* est ouverte aux petits-enfants ou aux ascendants; au contraire, si l'un des deux frères est exhérédé, son exhérédation ne profite pas à l'autre dans le système de M. Labbé. L'exhérédation ne profiterait pas aux légitimaires du même degré que l'exhédéré, et profiterait aux légitimaires du degré subséquent! Franchement, ce serait bien étrange!

Le légitimaire, pour n'avoir pas la *querela*, doit avoir sa quarte et l'avoir toute entière; cette quarte doit lui être laissée purement et simplement, sans qu'elle puisse être affectée par des conditions qui tendraient à en diminuer

la valeur. Mais on n'accorderait pas la *querela*
si la condition avait été écrite dans l'intérêt du
légitimaire lui-même (L. 25 C. *de inoff. test.*).
On devrait aussi considérer comme rempli de
sa quarte le légitimaire qui aurait reçu une portion plus forte que sa légitime, sous condition
de restituer cette portion au bout d'un certain
temps; mais pourvu que, en défalquant les
fruits d'une partie égale à sa légitime, il puisse
avec les fruits du surplus et dans le délai déterminé se reconstituer une valeur égale à sa légitime. Une autre hypothèse, qui eût pu sembler
douteuse, est également résolue en ce sens que
le légitimaire ne peut intenter la *querela*. Un
testateur a institué héritiers, son fils pour moitié, sa fille pour un tiers et sa femme pour un
sixième; il a introduit la condition que si l'un
des deux, de son fils ou de sa fille mourait avant
25 ans, sa portion serait restituée aux survi-
vants; qu'au décès de sa femme la portion de
celle-ci serait restituée. Dans ce cas l'empereur
refuse la *querela* au curateur de la fille, parce
que les portions de la mère et du père peuvent
échoir à sa pupille. Pourtant dans cette hypothèse il y a *alea*, et si la pupille peut gagner,
elle peut aussi perdre, en supposant qu'elle dé-
cède la première. Un texte, qui est le paragraphe 7 de la loi 8 à notre Titre prend aussi la

peine de nous dire qu'on n'admettra pas un im-
pubère à attaquer comme inofficieux le testament de son père qui lui a substitué pupillai-
rement, s'il n'a à se plaindre que de cette
substitution pupillaire.

Supposons que le légitimaire qui a reçu un
immeuble pour le remplir de sa quarte en est
ensuite évincé par le vrai propriétaire. Devra-
t-il néanmoins être considéré comme ayant eu
sa légitime, ou devrons-nous au contraire lui
accorder la *querela*? M. Vernet, dans son *Traité
de la quotité disponible* (p. 132 et s.), a traité
fort au long cette question; nous allons indiquer à quelles conclusions il arrive:

Avant le S. C. Néronien, pour que le legs fut
valable, il fallait qu'il fut fait *per damnationem ;*
dans ce cas, l'héritier devait transférer la propriété de la chose au légataire, ou lui en payer
l'estimation. Si le legs n'était pas *per damnationem*, il était nul, et le légitimaire légataire,
n'ayant pas sa quarte, pouvait intenter la *querela.*

Depuis le S. C. Néronien, la forme du legs
importe peu ; mais dans l'intervalle qui sépare
une Constitution d'Antonin-le-Pieux d'une
autre Constitution d'Alexandre Sévère, rendue
en 228, le légitimaire ne peut être considéré
comme rempli de sa quarte par legs de la chose

d'autrui, que si le testateur savait qu'il léguait une *res aliena;* autrement, le legs était nul.

§ V. — DE L'ACTION EN COMPLÉMENT DE LA QUARTE.

A l'époque classique, la quarte légitime devait être laissée toute entière à ceux qui y avaient droit. Si le *de cujus* ne voulait laisser aux légitimaires que leur quarte, il devait avec le plus grand soin faire l'évaluation de sa fortune, car la moindre erreur exposait ses dernières volontés à sombrer sous le coup de la *querela.* C'était là le grand vice de ce système, qui n'ordonnait pas à l'enfant insuffisamment gratifié de demander seulement le complément de sa légitime. Ce système déplorable subsista jusqu'à Constantin. Ce prince, par une Constitution qui est la loi 4 du Code Théodosien, *de inoff. test.*, décida qu'il suffirait, pour éviter la *querela*, que le testateur eût déclaré qu'en cas d'insuffisance la quarte serait complétée *boni viri arbitratu.* Une nouvelle action, l'action en complément de la quarte fut donc ouverte aux légitimaires. Cette action n'était pas sans précédents dans le Droit romain ; nous voyons déjà aux *Sentences de Paul* (L. vɪ, T. 5, § 7), qu'un légitimaire qui n'avait pas reçu sa quarte toute entière pouvait, au lieu d'intenter la *querela*, demander le complément de sa quarte. Ce complément se demande par une action personnelle, perpétuelle et transmissible aux héritiers, qui est la *conditio ex lege*. Cette innovation ayant pour but d'atténuer les inconvénients de la *querela*, était timide encore ; Justinien ira un peu plus loin. Mais jamais les Romains n'arrivèrent à permettre à l'enfant exhérédé de ne demander que sa quarte.

On peut donc ramener à cinq les différences qui distinguent la *querela inofficiosi testamenti*, de l'action en complément de légitime : 1° L'action en complément laisse subsister le testament, tandis que la *querela* le fait tomber ; 2° Par la *querela*, le *querelans* victorieux obtenait tout ou partie des corps héréditaires euxmêmes ; le légitimaire qui intente l'action en complément est un créancier ; il suffit qu'on lui donne en valeur l'équivalent de sa légitime, il n'a pas droit à un partage en nature ; 3° L'action en complément passe aux héritiers du légitimaire, sans qu'il soit besoin que celui-ci l'ait intentée ou préparée, et elle n'a plus les caractères d'une *actio injuriarum* ; 4° Tandis que la *querela* ne durait que cinq ans, l'action en complément est perpétuelle ; 5° Pour pou-

voir intenter la *querela*, il fallait que le légitimaire n'eût pas approuvé le testament; il devait donc bien se garder, par conséquent, de
réclamer un legs à lui fait par le défunt, s'il
voulait quereller le testament de celui-ci. Au
contraire le nom même de l'action en complément montre bien que le légitimaire qui a
réclamé son legs n'est pas déchu du droit d'intenter l'action en complément.

DROIT DE JUSTINIEN

Nous suivrons dans ce chapitre l'ordre que
nous avons déjà adopté pour le précédent.

§ 1. — QUELLES PERSONNES ONT DROIT A UNE LÉGITIME?

Avant de parler des Novelles, nous allons
dire quelques mots des principales innovations
antérieurement apportées par Justinien dans la
matière des successions *ab intestat* qui domine
tout notre sujet, puisque pour avoir droit à une
légitime, il faut être héritier *ab intestat*. On sait
qu'avant Justinien, l'enfant donné en adoption
ne venait à la succession de son père naturel,

tant qu'il restait dans la famille adoptive, que par la *bonorum possessio unde cognati*; à moins toutefois qu'il n'eût été donné en adoption à un ascendant paternel, auquel cas le Préteur lui accordait la *bonorum possessio unde liberi*. Justinien décide qu'en général l'adopté restera toujours dans sa famille naturelle; par exception si l'adoptant est l'ascendant de l'adopté, celui-ci entrera dans la famille de son père adoptif. Cette innovation a l'avantage de permettre à l'enfant de concourir dans la succession de son père naturel avec ses frères ou sœurs non donnés en adoption; mais voici la contre-partie : L'enfant n'aura plus dans la succession de son père adoptif qu'un droit de succession *ab intestat,* sans pouvoir jamais prétendre à une légitime, sauf l'exception indiquée plus haut.

L'empereur Constantin avait accordé aux fils de famille investis de charges du palais, le droit d'avoir un pécule quasi *castrens*. On se demandait si, comme le pécule *castrens* dont il était une imitation, ce pécule était affranchi de la *querela*. Cette immunité fut formellement concédée par Justinien ; l'empereur déclare au chapitre 19 de la Novelle cxxiii, que la même faveur ne sera pas étendue aux prêtres, diacres, chantres, etc., à tous ceux, en un mot, que l'on désigne sous le nom générique de clercs, bien

que ces personnes puissent avoir un pécule créé
à l'imitation du pécule *castrens*.

Nous avons vu qu'avant Justinien les *liberi
naturales* avaient, dans la succession de leur
mère, droit à une légitime comme les enfants
issus *ex justis nuptiis*. Désormais, si la mère est
illustris et qu'elle ait des enfants légitimes, les
spurii issus d'elle ne pourront rien recevoir,
même *ex testamento*, il ne peut donc plus être
question de légitime.

Justinien, dans la loi 13, § 1 C. *de hæret. et
man et sam.*, décide que les enfants orthodoxes
de parents hérétiques peuvent, lors même qu'ils
auraient reçu leur légitime, réclamer toute leur
part *ab intestat*, s'ils n'ont aucun tort envers
leurs parents ; la légitime devient alors toute la
part *ab intestat* du légitimaire. De même dans
le droit antérieur, si l'affranchi citoyen romain
n'avait que des enfants adoptifs, le Préteur avait
accordé au patron une *bonorum possessio* pour
moitié, et lors même qu'il y avait un testament,
la légitime du patron était encore de moitié. Si
les enfants orthodoxes ont eu des torts envers
leurs parents hérétiques, ils n'auront plus droit
qu'à une quarte, ce qui est encore un immense
avantage, puisque de droit commun, ils n'auraient rien du tout.

Disons maintenant quelques mots de la Novelle 118, qui a changé complétement le système de succession *ab intestat* du Droit romain. Nous n'entrerons pas, bien entendu, dans le détail de cette Novelle. Nous toucherons seulement les points qui offrent de l'intérêt relativement à la matière qui nous occupe. — Un descendant, dans le système de la Novelle, a toujours droit à une légitime, par la raison qu'un descendant, *sive ex masculorum genere, sine ex feminarum descendens*, prime tous ascendants ou collatéraux. A défaut de descendants, les ascendants du *de cujus* ont toujours droit à une légitime, car ils excluent tous collatéraux, sauf les frères ou sœurs germains qui concourent avec eux. Pour que les frères et sœurs aient droit à une légitime, il faut toujours que le défunt leur ait préféré des personnes *turpes*. Les frères et sœurs germains viennent en troisième ordre, et enfin les frères et sœurs *qui ex uno parente conjuncti sunt defuncto*, n'ont droit à une légitime qu'à la condition qu'il n'y ait ni frères ni sœurs germains ni enfants issus d'eux.

Nous n'avons pas à voir quels parents viennent ensuite, puisqu'après les frères et sœurs, il n'y a pas de légitimaires.

Reprenons la question de la dévolution, que nous avons examinée à l'époque classique. Nous n'avons que peu de chose à ajouter, car les sòlutions que nous avons données sont en général encore applicables à l'époque qui nous occupe. Il y a dévolution sous Justinien, comme à l'é-poque des grands jurisconsultes, quand un légitimaire du premier degré exhérédé ne se plaint pas *repudiantis animo,* ou bien a succombé après avoir intenté la *querela.* Si nous supposons un légitimaire qui, par legs, a reçu une libéralité qui ne le remplit pas de sa légitime, nous déciderons tout au moins jusqu'à la Novelle, qui exige que le légitimaire soit institué héritier ; que ce légitimaire ne réclamant pas le complément de sa quarte, il n'y aura pas dévolution. La solution que nous avons donnée dans notre première partie est différente ; c'est qu'alors ce légitimaire, insuffisamment gratifié, avait la *querela ;* s'il ne l'exerçait pas, il y avait dévolution au profit du légitimaire du second degré. Maintenant, au contraire, dans l'hypo-thèse que j'ai posée, il n'y a pas lieu pour le légitimaire du premier degré d'intenter la *querela ;* celui-ci n'a que l'action en complément de sa quarte ; donc pas de dévolution. « Les enfants, dit M. Labbé, sont non pas des héritiers, mais des créanciers, maîtres comme tous créanciers, d'éteindre ou de laisser préscrire leur droit ! Or, à qui profite l'extinction du droit du créancier ? Uniquement au débiteur. » Si le *de cujus*, en faisant au légitimaire une libéralité inférieure à la légitime, avait ajouté que cette libéralité ne serait pas complétée, le légitimaire aurait la *querela*. Si donc il ne l'exerçait pas *repudiantis animo*, ou bien s'il succombait après l'avoir intentée, il y aurait lieu à dévolution.

Les solutions seraient différentes si le fils étant insuffisamment gratifié à l'aide d'un legs, nous nous placions après la Novelle, qui décide que le légitimaire doit être institué.

Nous avons dit, dans la première partie de cette étude, que Justinien était venu au secours de l'enfant que la mort de son père laissait au dépourvu. Il s'agit, on s'en souvient, d'un père qui meurt en exhérédant son fils, et en laissant en même temps un petit enfant de ce fils. Le fils meurt *deliberante adhuc herede*, et conséquemment sans avoir commencé ni même préparé la *querela*. Dès lors la *querela* du père ne passait pas au fils, et ce petit-fils, ne pouvant pas non plus l'intenter de son chef, était sans ressource. Que fait Justinien ? Il décide, non pas qu'il y aura dévolution, les principes s'y opposent ; il considère que si le fils n'a pas intenté la *querela*, c'est qu'il ne l'a pas pu ; qu'on ne doit, par conséquent, pas lui reprocher de n'avoir pas préparé la demande, et qu'il y a

lieu de restituer le petit-fils contre les déchéances qui résulteraient pour lui de l'inaction forcée de son père. L'empereur (1) accorde donc au petit-fils les droits qu'avait le
fils ; on examinera si les libéralités faites au fils
le remplissent de sa légitime, si le fils a été ingrat ; mais jamais, dans tout ce débat, il ne
sera question du petit-fils. Mais si le petit-fils
succombe dans la *querela* qu'il intente au nom
de son père, je crois qu'alors nous rentrons dans
le domaine de la dévolution, et si le *de cujus*
n'a pas laissé une légitime à son petit-fils, celui-ci pourra alors intenter la *querela* en son
propre nom, et réussir s'il n'a pas été ingrat.

Nous avons vu que, dans l'ancien droit, un
legitimaire n'avait droit à une légitime que s'il
n'avait pas été ingrat ; l'ingratitude justifiait
l'exhérédation, et la légitime était perdue. La
question de savoir si le légitimaire avait été ingrat était une pure question de fait laissée à
l'appréciation du juge ; nulle règle n'existait à
cet égard ; tout au plus y avait-il des usages
servant à aider le juge plutôt qu'à lui comman-
der une décision. Avec Justinien, un principe
nouveau s'établit ; ce principe détermine les justes causes d'exhérédation. Les causes pour les-

----

(1) L. 34. C. de inoff. test.

quelles le testateur exhérède son héritier doivent être indiquées. Je n'examinerai pas qui doit faire la preuve, ni ce qui arrive quand le *de cujus* n'a pas indiqué la cause d'exhérédation ; ces questions ne rentrent pas dans mon sujet. Je me contenterai de passer en revue les justes causes d'exhérédation.

Les causes légitimes d'exhérédation ou d'omission étaient au nombre de quatorze pour les descendants et de trois pour les frères et sœurs. La loi 33, § Ier, *C. de inoff. test.* décide que le juge, pour prononcer que l'exhérédation ou l'omission est méritée, devra se fonder sur des faits d'inconduite personnels à la personne exhérédée ou omise.

Les justes causes d'exhéréder ou d'omettre un descendant sont, d'après le Chap. III de la Novelle cxv les suivantes :

1° Si le légitimaire a porté les mains sur ses parents ; 2° s'il s'est rendu coupable envers eux d'une injure grave ; 3° S'il a porté contre eux des accusations criminelles qui n'intéressent ni le prince ni l'Etat ; 4° S'il vit en malfaiteur avec des malfaiteurs ; 5° S'il a attenté à la vie de ses parents par le poison ou d'autres manières ; 6° S'il a eu un commerce criminel avec sa belle-mère ou avec la concubine de son père ; 7° S'il s'est rendu délateur contre ses parents, et si par

sa délation il leur a fait supporter des dépenses
graves ; 8° Si l'un des parents étant enfermé,
ses enfants ou l'un d'eux, qui pouvaient venir à
sa succession, ont refusé, après en avoir été par
lui interpellés, de lui servir de caution, et s'il est
prouvé qu'ils étaient solvables pour la somme
demandée ; néanmoins, ce que nous disons
pour la fidejussion ne s'applique qu'aux enfants
mâles, à cause du sénatus-consulte Velléien ;
9° Si quelqu'un est convaincu d'avoir empêché
ses parents de faire leur testament, et si ceux-
ci peuvent le faire ensuite, il leur sera permis
d'exhéréder leur fils pour cette cause ; 10° Si
contre la volonté de ses parents, le fils s'est as-
socié avec des baladins ou des bateleurs, et s'il
persiste dans cette profession, à moins que ses
parents ne l'exercent eux-mêmes ; 11° Si l'un
des ascendants ayant voulu donner à sa fille ou
à sa petite-fille un mari et lui constituer une
dot proportionnée à sa fortune, la fille n'a pas
voulu se marier et a préféré une vie licencieuse;
12° Si l'un des parents étant fou, ses enfants ne
lui ont pas donné des soins suffisants ; 13° Si
un ascendant étant détenu en captivité, ses enfants ne s'empressent de le racheter, il aura le
pouvoir, s'il peut échapper de la servitude, de
les exhéréder comme ingrats ; 14° Si quelqu'un des parents étant orthodoxe, est per

suadé que son fils ou ses enfants ne professent pas la foi catholique, il pourra les exhéréder.

Les sept causes pour lesquelles on pouvait légitimement omettre un ascendant sont les suivantes : 1° Si l'ascendant a exposé son descendant à perdre la vie, à moins que ce ne soit pour cause de lèse-majesté impériale ; 2° S'il a tenté de donner la mort au testateur par le poison ou autrement ; 3° S'il a eu des liaisons criminelles avec la femme du testateur ; 4° S'il a empêché ou voulu empêcher son descendant de tester ; 5° Si le testateur étant prisonnier de guerre, il a pu le racheter et ne l'a pas fait ; 6° S'il n'a point donné de soins suffisants au testateur fou ; 7° Si l'ascendant est hérétique, le testateur étant orthodoxe.

Les frères pourront être exhérédés dans trois cas d'après la Novelle xxii ch. xlvii, s'ils ont porté contre le testateur une accusation criminelle, s'ils ont voulu lui donner la mort ou tenté de lui faire perdre sa fortune. A ces causes il faut ajouter le cas où un frère aurait abandonné son frère fou alors qu'il avait le moyen de le soigner, et celui où pouvant le racheter de chez l'ennemi, il ne l'aurait pas fait (Nov. cxv. ch. iii §§ 12 et 13). Voël a été plus loin ; il a ajouté deux autres causes . 1° le cas où l'institué étant esclave du testateur devient son héritier nécessaire ; 2° le cas où les frères seraient en même temps *turpes personæ*. Examinons d'abord le premier cas, celui où le testateur a institué son esclave. Nous savons qu'une Constitution de Constantin a assimilé aux personnes *non integræ existimationis* les affranchis ingrats, en exceptant l'esclave affranchi par testament et héritier nécessaire (L. 27. C. *de inoff. test.*). Mais cela suppose que la succession était mauvaise et que c'était pour échapper à l'infamie, et non dans une intention malveillante à l'égard de ses frères et sœurs que le testateur se créait un héritier nécessaire. Quant au second cas, M. Boissonade dans son histoire de la réserve héréditaire ne l'admet pas, car la *querela* du frère est fondée sur l'indignité de l'institué plutôt que sur les mérites du plaignant.

Voët a été plus loin et a avancé que l'énumération de Justinien n'était pas limitative ; je ne partage pas cette opinion. M. Boissonade décide, toutefois, et je suis entièrement de son avis, que l'on peut par *a fortiori* admettre d'autres causes d'exhérédation. Ainsi, nous voyons au § 6 du ch. III de la Nov. CXV, que si le fils a eu un commerce criminel avec sa belle-mère ou avec la maîtresse de son frère, il y aura là une juste cause d'exhérédation. À plus forte raison en sera-t-il de même, si c'est avec sa propre mère que l'enfant a eu un commerce incestueux.

Je suis tenté de considérer comme fâcheuse cette innovation de Justinien ; l'ancien système qui laissait chaque cas à l'appréciation du juge, qui permettait à celui-ci de tenir compte de certaines libéralités inférieures à la légitime faite au légitimaire exhérédé me semblait préférable ; il est souvent mauvais d'enfermer trop étroitement le juge dans un texte de loi, et en ces matières surtout, il est difficile de donner une formule qui soit bonne dans tous les cas. Si l'énumération de Justinien est limitative, il est fâcheux que, par exemple, le fait par un frère d'avoir eu des relations criminelles avec la femme de son frère ne soit pas une juste cause d'exhérédation. Le système de Voët peut être combattu au point de vue des textes, mais il faut avouer qu'il satisferait mieux l'esprit que celui que nous avons présenté.

§ II. — Sur quels biens se calcule la légitime?

Les règles du calcul sont les mêmes que dans la période précédente ; mais une innovation introduite par Justinien a rendu plus fréquent l'inconvénient résultant de ce qu'on déduisait de l'actif les esclaves affranchis par testament. Sous l'empire de la loi Fusia Caminia, on ne pouvait affranchir qu'un certain nombre d'es-

claves proportionnel au nombre que l'on avait,
à moins d'en avoir deux au plus, auquel
cas on pouvait les affranchir tous deux. Justinien a abrogé la loi Fusia Caninia ; la faculté
d'affranchir est devenue illimitée, en sorte
qu'il fut très-facile aux grands propriétaires
d'esclaves de tromper les attentes de leurs héritiers légitimaires à l'aide d'affranchissement
par testament.

§ III. — QUELLES LIBÉRALITÉS S'IMPUTENT SUR LA LÉGITIME?

Comme pour l'époque précédente, nous déciderons que, sous Justinien, le légitimaire doit
imputer sur sa quarte ce qu'il a reçu à titre
d'héritier, de légataire ou de fideicommissaire ;
nous n'avons donc pas à revenir sur ces points
qui ont déjà été expliqués. Nous avons vu comment M. Labbé concilie deux textes d'Ulpien
et de Papinien, que tous les auteurs avaient
jusque là déclarés inconciliables. La question
revient sous Justinien et est tranchée par ce
prince dans le § I de la loi 35 C. *de inoff. test.*
On disait que Justinien avait tranché la controverse existante entre Ulpien et Papinien, en
adoptant l'opinion de ce dernier jurisconsulte :

5

mais nous avons montré comment les décisions
d'Ulpien et de Papinien n'ont rien d'opposé,
puisqu'elles ne prévoient pas la même hypothèse, et c'est l'hypothèse de Papinien que re-
prend l'empereur. Il s'agit d'un fils qui a reçu
de son père une certaine quantité de biens, et
s'est engagé à ne point attaquer le testament
de son père comme inofficieux. Justinien décide d'après Papinien, que le fils n'est point
lié : les principes du droit le veulent ainsi,
nous l'avons montré. Pourtant il paraît que
cette solution avait été contestée par des juri-
consultes dont les écrits ne nous sont pas par-
venus.

On sait que la donation *ante nuptias* était
imputable sur la quarte depuis l'empereur Zénon. Etendant l'innovation de Zénon, Justinien décide en 528 qu'on devra imputer sur la
quarte, les charges (*militia*) dont le *de cujus*
aurait gratifié un légitimaire, lorsque ces charges sont susceptibles d'être revendues, ou de
passer aux héritiers. Justinien dispense de cette
imputation les seuls *silentiarii* du palais impé-
rial.

Par une innovation dont le vrai motif est difficile à démêler et qui est introduite d'une
façon indirecte, Justinien dans le *principium*
du ch. III de la Nov. CXV. a exigé que la légi-

time fut laissée aux descendants par une institution; cette institution peut être *ex certa re*,
ce qui la fait ressembler fortement à un legs.
Si l'institution est insuffisante, le légitimaire n'a
que l'action en complément; mais s'il n'est
pas institué du tout, quoique gratifié d'un legs,
il a la *querela*. Du moment que le légitimaire
institué pour une valeur inférieure au montant
de sa légitime n'a que l'action en complément,
je crois qu'on doit imputer sur la légitime de
l'individu institué les diverses libéralités jusque là imputables. Toutefois, il faut dire que
Ferrière n'est pas de cet avis. Voici comment il
s'exprime dans ses observations sur le titre II
du livre xviii : « Ainsi le fils institué héritier
pour une moindre partie que le tiers de la succession peut depuis la Novelle demander le supplément de sa légitime, quoique la portion
pour laquelle il a été institué, jointe à ce qu'il
prend à titre de prélegs, comme légataire et
étranger, excède le tiers des biens héréditaires ·
car un héritier n'est pas tenu de tenir compte à
ses cohéritiers de ce qu'il prend des biens de
cette succession en cette qualité. C'est pourquoi ces prélegs ne diminuent point cette légitime, laquelle se doit prendre *jure-hereditario*.
Car il ne suffit pas que ce qui se prend par le
fils soit des biens du testateur, mais il faut

qu'il le prenne en qualité d'héritier. » L'opi-
de Ferrière n'est généralement pas admise.

§ IV. — Du quantum de la légitime.

Justinien nous apprend dans la Novelle xviii
qu'il fut choqué de voir qu'un quart seulement
des biens de la succession fut réservé aux légitimaires, et surtout que le chiffre de la légitime n'augmentât pas avec le nombre de ceux-
ci. Il en résulte, dit-il, que des enfants qui
étaient dans l'aisance du vivant de leur père
se trouvent pauvres après sa mort. C'est à
cette situation qu'il veut remédier, et de là les
changements nombreux que la Novelle xviii
apporte en notre matière.

Les innovations sont contenues au Ch. I de la
Novelle. On admet généralement que d'individuelle qu'elle était, la légitime est devenue
collective. Toutefois, cette explication est combattue par M. Demolombe qui, après l'avoir
rapportée, continue : « Nous croyons toutefois
que cette thèse serait contestable; Justinien sans
doute a changé la quotité de la légitime : voilà
ce qu'il a voulu faire, ce qu'il a fait; mais il ne
nous est pas démontré qu'il ait voulu en chan-
ger, ni qu'il en ait changé la nature; et la for-

mule qu'il a employée, n'étant pas exclusive d'une légitime individuelle, il parait plus vraisemblable qu'il n'a pas entendu modifier le droit antérieur. » (T. xix, 9.) Il est croyable, en effet, que Justinien, si prolixe, en général, dans ses développements, n'eût pas manqué de faire ressortir l'innovation qu'on lui prête s'il avait entendu innover.

Mais, ce qui est bien certain, c'est que Justinien a changé la quotité de la légitime. Voici les règles qu'il pose : s'il y a quatre enfants ou moins de quatre, le chiffre de la légitime est de quatre onces, c'est-à-dire d'un tiers de la succession ; il est de moitié, s'il y a plus de quatre enfants. Il se présente un résultat bizarre que tous les commentateurs ont signalé ; c'est que quand il y a cinq enfants, la légitime de chacun d'eux est plus forte que s'il n'y en avait que quatre. Ce résultat choquant doit ne pas avoir été aperçu par les rédacteurs de la Novelle, car il leur eût été facile de le rectifier à l'aide d'un correctif analogue à celui que nous voyons dans la loi *Fusia Caninia*.

Par exception, une légitime des trois quarts de leur part *ab intestat* doit être laissée au fils qui remplit une charge curiale et à la fille qui est mariée à un homme revêtu de la même dignité. Cette règle se rattache à un ensemble

d'avantages qui furent accordés sous l'Empire
aux personnes qui se chargèrent des fonctions
peu enviées de curial. C'est qu'en effet l'Etat
s'était déchargé sur les curies du recouvrement
de l'impôt; c'est que le curial devait recouvrer
à ses risques et périls un impôt devenu presque
irrécouvrable. Il en résulte que la fonction de curial, ambitionnée aux beaux jours de l'Empire,
fut dans les derniers temps considéré comme un
fléau par ceux qui en étaient investis. Aussi,
recourut-on à tous les moyens possibles pour
empêcher de se dépeupler les curies munici-
pales, et la disposition dont nous venons de
parler faisait partie de cet ensemble de mesures.
C'est à tort que certains auteurs ont traduit
le Chapitre II de la Novelle xviii en ce sens que
la faveur dont nous parlons était accordée aux
fils et aux filles de décurions. Ce serait une
étrange faveur que celle qui consisterait à
diminuer la quotité disponible aux mains de la
personne favorisée. Aussi le texte ne dit-il pas
cela du tout; il dit qu'une légitime représentant les trois quarts de leur part *ab intestat*
doit être laissée au fils qui est curial et à la fille
mariée à un curial. Sans doute, la curie est héréditaire, en sorte que le fils d'un curial est
curial, mais par contre un curial peut très bien
n'être pas le fils d'un curial : il n'a qu'à avoir

été légitimé par oblation à la curie. Il arrivera plus fréquemment encore qu'une femme mariée à un curial ne sera pas elle-même fille de curial; pourtant elle aura, par le fait de son mariage, droit à la légitime exceptionnelle du Ch. II de la Nov. xviii.

Dans le chppitre que nous étudions et dans l'intitulé qui le précède, il n'est question que de la légitime des enfants; mais la dernière phrase est ainsi conçue · « *hoc observando in omnibus personis in quibus ab initio antiquæ quartæ ratio de inofficioso lege decreta est.* » Qu'est-ce que cela veut dire? Cela veut dire, tel est du moins l'avis de Cujas et de Vinnius, que cette augmentation de légitime profitera aux ascendants et même aux frères et sœurs, pourvu, bien entendu, qu'on ait préféré à ces derniers des personnes qui n'étaient pas *integræ existimationis,* en sorte que l'innovation de Justinien, qui au premier abord semble spéciale, s'étend en somme à tous les légitimaires.

M. Boissonade, qui reconnaît que les frères et sœurs peuvent avoir droit à une légitime de moitié, prétend que les ascendants ne doivent jamais avoir droit à une légitime de plus du tiers, quel que soit leur nombre. Il donne comme raison que les père et mère

n'auraient eu que cela, et que le prédécès de
ceux-ci ne doit pas restreindre le disponible
aux mains de l'enfant. Cela revient à dire que
les légitimaires qui ne sont pas au premier
degré ne doivent pas, quel que soit leur nombre, avoir plus de droits que n'en auraient eus
les légitimaires du degré précédent, si leur
nombre n'avait pas été supérieur à quatre.
Mais puisque M. Boissonade admet avec raison,
je crois, que les frères au nombre de plus de
plus de quatre ont droit à une légitime de
moitié, je ferai à son système l'objection suivante : Soit un individu ayant un fils unique et
cinq frères; si ce fils vient à mourir, le disponible qui aux mains du père était des deux
tiers de son avoir se trouve subitement réduit
à moitié par le prédécès de cet enfant. N'y a-t-
il pas là un résultat analogue à celui que
repousse M. Boissonade?

Une question controversée est celle de savoir si les petits-enfants d'un fils prédécédé
représentent simplement leur frère pour le
calcul de la légitime, ou bien au contraire
s'ils doivent être individuellement comptés.
M. Demangeat se prononce en ce dernier sens,
en disant que la pensée de Justinien lui paraît avoir été celle-ci : « le légitimaire aurait-
eu *ab intestat* au moins le quart de la suc-

cession, sa légitime est d'un tiers; aurait-il eu *ab intestat* moins du quart de la succession, sa légitime est de moitié. » Le fils a droit à un sixième à lui seul et les petits-enfants à un quart à eux tous; on évalue donc séparément la légitime du fils et celle des petits-fils. Aussi je préfère l'opinion de M. Boissonade, qui décide que lorsque les petits-enfants viennent à défaut d'un enfant prédécédé, on appliquera purement et simplement les règles de la représentation conformément à la Novelle cxviii. Le but de la représentation est d'empêcher que la mort d'une personne ne nuise à ses enfants; mais du moins ne doit-elle pas améliorer leur situation.

Ici se représente la question que nous avons déjà examinée dans la première partie de notre travail, à savoir si le légitimaire exhérédé fait part. Supposons cinq enfants dont un est exhérédé justement et une succession de 60. Puisque nous admettons que cet enfant *pro mortuo habetur,* il en résultera que la légitime au lieu d'être de 30 sera de 20, et chaque légitimaire aura droit à 5 au lieu d'avoir droit à 6. Dans ce cas particulier, les enfants non exhérédés auront donc intérêt à soutenir que leur frère a été exhérédé injustement. Voici comment les choses se passeront. Le testateur, dans l'hypothèse que nous avons supposée, a légué 20 à Primus, Secundus, Tertius et Quartus, c'est-à-dire 5 à chacun d'eux; puis il a exhérédé Quintus et ne lui a rien légué. Les légitimaires non exhérédés formeront une demande en complément de légitime contre l'héritier en disant que leur père ayant laissé cinq enfants, la légitime est de 30 et la part de chacun d'eux de 6. L'héritier répondra : votre père est censé n'avoir laissé que quatre enfants, puisque Quintus est pour lui comme s'il était mort; la légitime totale est donc de 20 et la part de chacun de vous de 5, c'est-à-dire juste ce que vous a laissé le *de cujus*; donc, je ne vous dois rien. L'héritier prouvera que Quintus a été justement exhérédé, en établissant qu'il n'a pas intenté la *querela repudiantis animo*, ou bien qu'il a succombé après l'avoir intentée. Mais ce cas particulier où les légitimaires auront à soutenir que leur colégitimaire a été exhérédé injustement ne se présentera que bien rarement, et d'ailleurs il tient à une inconséquence que nous avons signalée. En général, la disparition d'un légitimaire loin de nuire à ses colégitimaires leur profitera.

Supposons maintenant un enfant exhérédé

mais recevant un legs ; si le montant de ce legs
est l'équivalent de sa légitime, cet enfant ne peut
rien réclamer ; s'il est inférieur l'enfant ne peut
intenter que l'action en complément de sa légitime. Il ne demande pas de complément, il ne
demande même pas la délivrance de son legs.
Y aura-t-il accroissement au profit de ses colégitimaires ? Pour l'époque antejustinienne, il
faut décider sans hésiter et c'est ce que nous
avons fait, que c'est l'héritier et l'héritier seul
qui bénéficie de cette renonciation. En est-il
encore de même sous Justinien ? Sans doute, si
on dit que de personnelle la légitime est devenue
collective, il doit y avoir accroissement de parts
de ceux qui renoncent au profit de ceux qui
recueillent ; les légitimaires, dit-on, n'ont pas
droit séparément à telle fraction de leur part *ab
intestat*, mais ils ont droit à eux tous au tiers ou
à la moitié de la succession. Puisque je crois que,
même sous Justinien, la légitime a un caractère individuel, je n'hésite pas à repousser cette
manière de voir. Sans doute, Justinien ayant
exigé que la légitime fut laissée à titre d'héritier, les colégitimaires acceptants profiteront de
la part du renonçant ; mais ce sera en qualité
d'héritiers, en vertu des règles de la succession testamentaire, et non en vertu des règles
particulières à la légitime.

Justinien veut que la législature soit laissée en
pleine propriété aux enfants et non pas seulement en usufruit comme cela arrivait, parait-
il, souvent avant lui ; un testateur en mourant
laissait à sa femme l'usufruit de tous ses biens et
réduisait ses enfants à la nue–propriété ; les
enfants n'eussent pas réussi la plupart du temps
en intentant la *querela*, car la valeur de cette
nue–propriété pouvait égaler et même dépasser
leur légitime. Les lois 30, 32, 36 § 1, C. *de
inoff. test.* décident que toute charge, toute
condition, tout délai qui diminueront la légitime seront considérés comme non écrits, sans
qu'il soit besoin de les faire annuler. Un testateur institue un étranger ; le testament porte
que cet étranger restituera à sa mort ou dans un
certain temps cette succession au fils du donateur. Justinien décide qu'on doit restituer de
suite la légitime sans attendre la mort de l'héritier, ni l'époque fixée. Le surplus sera restitué
à la mort de l'héritier ou à l'époque fixée par
le *de cujus* ; de la sorte, dit l'Empereur, le légitimaire aura sa portion dans son intégrité, et
l'héritier jouira des avantages à lui faits par le
testateur sauf une réduction légitime.

§ V. — DE L'ACTION EN COMPLÉMENT DE LÉGITIME.

Nous avons vu que Constantin avait décidé qu'il n'y aurait lieu qu'à action en complément quand le testateur aurait déclaré que la légitime serait complétée *boni viri arbitratu*. Justinien a été plus loin et a décidé par la loi 30 pr. C. *de inoff. test.* que cette clause serait toujours sous-entendue ; la *querela inofficiosi testamenti* est donc devenue l'exception. La durée de cette action est de 30 ans et le point de départ est au jour de l'adition d'hérédité. Nous savons que cette action s'exerce au moyen d'une *condictio ex lege*. Les héritiers institués ne pourront se défendre contre la *condictio* par le reproche d'ingratitude adressé aux légitimaires, qu'autant que le testateur aurait lui-même énoncé ce reproche. Si l'institué tarde à délivrer ou à compléter la légitime et attend pour le faire la sentence du juge, il sera condamné à donner en outre au demandeur le tiers de la portion qui lui a déjà été laissée.

Au *principium* de la loi 36 C. *de inoff. test.* Justinien prévoit deux cas où l'on pourrait se demander s'il y lieu à complément et il se prononce pour l'affirmative. Il s'agit d'abord du legs fait au légitimaire d'une *res* dont celui-ci est évincé en tout ou en partie. Au temps classique cette éviction eût donné naissance à la *querela*, mais Justinien déclare que par suite de l'innovation qu'il a faite au pr. de la loi 30, il n'y aura lieu qu'à complément. Toutefois, il faut reconnaître que ceci cadre assez mal avec une Constitution d'Alexandre Sévère qui est la loi 10 C. *de leg*. En effet, ce texte nous dit que quand un legs de *res aliena* est fait à certains proches, il est valable, lors même que le testateur aurait ignoré que la chose ne lui appartenait pas. D'après cette Constitution, il devrait y avoir lieu ici aux actions accordées aux légataires pour faire exécuter les legs, et il ne pourrait être question ni de *querela*, ni d'action en complément. Pour expliquer cette contradiction, M. Vernet décide que c'est une inadvertance de Tribonien qui a fait insérer au Code cette Constitution d'Alexandre Sévère qui devrait être tombée en désuétude.

La seconde hypothèse a trait à la quarte Falcidie. Au temps classique, l'héritier pouvait faire réduire le legs fait au légitimaire ; mais si cette réduction ne laissait pas au légitimaire la valeur de sa légitime, l'héritier exposait le testament tout entier à sombrer sous le coup de la *querela*. Justinien décide que la Falcidie ne

pourra pas être opposée au légitimaire au détriment de sa quarte ; ce seront donc les autres
légataires qui subiront seuls les réductions né-
cessaires pour compléter la quarte Falcidie.

DE LA LÉGITIME

dans les pays de Droit Écrit

On sait qu'avant la révolution, la France
était, au point de vue du droit, divisée en deux
zônes ; les pays du Nord étaient pays de Coutume, et ceux du Midi pays du Droit Écrit. « Les
pays du Droit Écrit, dit Klimrath (1), sont ceux
où la domination romaine s'établit le plus tôt
et se conserva le plus tard ; où les lois romaines
avaient jeté les racines les plus profondes dans
les mœurs des populations vaincues, transfor-
mées par le voisinage et par de nombreuses co-
lonies ; où cette population fut le moins mêlée,
par la suite, de conquérants barbares ; où les
institutions romaines survécurent, par conséquent, en grande partie, dans les relations pri-
vées, comme dans l'organisation municipale, à
la destruction même de l'Empire. Aussi cette

---

(1) Klimrath. *Travaux sur l'histoire du Droit français.* T. II,
pages 220 et 221.

distinction commence-t-elle à poindre dès que
le principe des lois personnelles s'affaiblit. »
Klimrath a tracé une carte coutumière à l'aide
de laquelle on peut reconnaître facilement
quels étaient les pays qui avaient conservé la
loi de Rome. C'étaient les pays du midi de la
France, et ils formaient à peu près le tiers du
royaume. On peut se faire une idée approxi-
mative de la ligne de démarcation qui séparait
les deux pays, en traçant sur une carte de
France une ligne passant un peu au-dessus des
lignes suivantes : Gex, Cluny, Roanne, Mont-
brison, le Puy, Chaudes-Aigues, Saint-Flour,
Murat, Mauriac, Ussel, Limoges, Bellac, Non-
tron et Saintes. Les pays situés au-dessous de
cette ligne étaient régis par la loi romaine. Il
faut encore ajouter à ce vaste territoire certaines
petites régions enclavées en pays coutumiers ;
c'étaient les villes suivantes avec leurs alen-
tours : Clermont, Billom, Issoire, la Chaise-
Dieu et Brioude. Ces pays ressortissaient des
Parlements de Grenoble, Trévoux, Dijon, Paris,
Aix, du Conseil souverain de Perpignan, et des
Parlements de Toulouse, de Pau et de Bordeaux.

Il semblerait que jusqu'à la restauration du
Droit romain au xiie siècle, le Droit antejusti-
nien dût avoir été seul pratiqué dans ces pays :

en effet, les *leges romanœ*, rédigées au commencement du vi° siècle par les conquérants
germains pour les peuples de la Gaule méridio-
nale, l'édit de Théodoric, le bréviaire d'Alaric,
le Papien, ces lois, dis-je, sont antérieures à
Justinien. Pourtant, les recherches de M. de
Savigny ont fait voir que le Droit de Justinien
ne resta pas inconnu dans la monarchie fran-
que ; mais c'est seulement à dater du xii° siècle
qu'il fut bien connu. C'est donc à partir de cette
époque que nous reprendrons la légitime, telle
que nous l'avons laissée dans le chapitre précédent, c'est-à-dire telle que l'avaient faite
les innovations de Justinien.

Si nous n'avions à voir qu'une application
pure et simple des textes de Justinien, cette
étude offrirait encore beaucoup d'attraits, car
elle nous donnerait, sur les textes obscurs du
Droit romain, la pensée de jurisconsultes émi-
nents ; mais il y a mieux, « car, dit M. Ragon,
comme une législation vivante et appliquée se
modifie toujours par l'activité propre du peuple
qu'elle gouverne, le Droit romain avait subi sur
ces matières des changements assez notables ;
certaines règles incommodes avaient été ré-
formées ; des théories seulement ébauchées par
les dernières lois romaines avaient été ache-
vées. » Nous allons donc voir le Droit romain

6

se perfectionner encore, et c'est l'étude de ces perfectionnements qui sera l'objet principal de notre travail dans cette troisième partie.

Nous suivrons la même division que pour les deux périodes précédentes, en ajoutant seulement un paragraphe, par lequel nous débuterons, sur la nature de la légitime.

§ 1. — DE LA NATURE DE LA LÉGITIME

La légitime est-elle une quote-part de l'hérédité, ou bien est-elle, au contraire, une quote-part des biens ? La grande majorité des jurisconsultes des pays de Droit Écrit décidaient avec raison que la légitime était une quote-part des biens; telle était l'opinion du président Favre, de Voët, de Furgole. Merlin qui, à son Répertoire, au mot Légitime, a traité la question, donne comme base principale à ce système que dans plusieurs textes, et notamment à la loi 6 *C. de inoff. test.*, la légitime est traitée de *bonorum pars.* Je dois convenir que si cet argument était le seul, il serait peu concluant; on ne doit pas tirer argument d'un mot employé sans intention; et ce qui me fait dire que le mot a été employé sans intention, c'est que les jurisconsultes romains ne s'étaient pas occupés

de la question qui nous occupe. Mais heureuse-
ment qu'à ces textes se joignent de meilleures
raisons.

Si nous nous plaçons avant la Novelle cxv,
qui a établi la nécessité d'instituer le légitimaire, il est bien certain que nous ne pouvons
considérer la légitime comme une part de l'hérédité. La légitime peut en effet être laissée à
titre de legs, à titre de fidéicommis, à titre de
donation à cause de mort, à titre de.donation
entre vifs, ainsi que nous l'avons démontré.
Puisqu'il en est ainsi, comment peut-on considérer un donataire comme héritier? Comment
peut-on considérer comme une quote de l'hérédité une portion de biens dont on est rede-
vable à la qualité de donataire? C'est en vain
qu'on objecterait qu'à l'époque classique le légitimaire qui n'a pas reçu sa quarte doit attaquer le testament par la *querela*, qui est une
forme de la *petitio hereditatis*. L'assertion
formulée de la sorte est exagérée. Il est bien
vrai que le légitimaire non pourvu de toute sa
légitime peut intenter la *querela*, mais un texte
de Paul, qui est le § 7 du Titre V du Livre IV
de ses *Sentences*, nous dit que ce légitimaire
peut se contenter de réclamer sa quarte sans
intenter la *querela inofficiosi testamenti*. Et
d'ailleurs, quand il serait forcé d'intenter la

querela, cela prouverait-il que la légitime
n'est pas une quote-part des biens ? Nullement,
puisque, par la *querela,* il demande, non pas
sa légitime, mais l'hérédité. Au surplus, il est
certain qu'à partir de Constantin, le légitimaire
insuffisamment gratifié ne peut demander que
le complément de sa quarte, quand le testateur
a déclaré que la légitime serait complétée *boni
viri arbitratu.* Justinien a même été plus loin
en supprimant la nécessité de cette mention ;
la clause de complément est toujours sous-
entendue ; il en résulte que tout légitimaire
ayant reçu une libéralité imputable ne peut
former qu'une demande en complément ; or,
la *condictio ex lege* ne suppose nullement la
qualité d'héritier.

Une autre objection beaucoup plus sérieuse
en apparence est celle que l'on tire de la Novelle cxv, d'après laquelle la légitime doit
toujours être laissée à titre d'institution. Cette
objection n'avait pas, tout au moins jusqu'à
l'ordonnance du mois d'août 1735, une grande
force, puisque les jurisconsultes ne se mirent
pas d'accord sur l'admission ou le rejet de la
Novelle cxv. C'est qu'en effet beaucoup de
commentateurs ne s'expliquaient pas bien les
motifs de cette exigence de Justinien, et n'y
voyaient guère, comme M. Ragon, qu'une

complication inutile de la théorie de la légitime. Peut-être est-ce une considération de ce genre qui avait conduit Irnerius dans l'authentique *Novissima* à ne tenir aucun compte de la Novelle cxv. Quoi qu'il en soit, une ordonnance du mois d'août 1735 confirma la Novelle.

A cet argument tiré de la Novelle cxv, nous répondrons que Justinien n'exige pas que l'institution soit faite par quotité, mais qu'au contraire il permet de la borner à une chose particulière. Or, qu'est-ce que l'institution *ex certa re*? Avant Justinien, l'institué *ex certa re* était héritier à certains égards; mais précisément Justinien ordonne par la loi 13 C. *de hered. instit.* de le traiter comme un légataire. « *Quotiens certi quidem ex certa re scripti sunt heredes, vel certis rebus pro sua institutione contenti esse jussi sunt, quos legatariorum loco haberi certum est.* »

De ce principe on faisait découler trois conséquences. La première, c'est qu'il n'est pas nécessaire de prendre la qualité d'héritier pour demander une légitime. Rien de plus raisonnable. Mais Merlin me semble moins dans le vrai quand il voit une application de ce principe dans les règles posées à la Novelle xcii. Il s'agit d'une donation inofficieuse faite à l'un des enfants qui ne se porte pas héritier; cet

enfant peut retenir sur le montant de la donation et le disponible et sa légitime. Merlin en
conclut que Justinien s'est prononcé en ce sens
parce que le titre de légitimaire n'implique pas
chez celui qui l'invoque la qualité d'héritier.
Le vrai motif de cette décision est, selon moi,
que l'enfant n'étant pas exhérédé doit faire
part, et que, par conséquent, ses frères ne
doivent demander qu'une fraction de leur part
ab intestat calculée en comprenant le fils renonçant parmi les ayants-droit. En conséquence, lors même que la légitime ne pourrait
être réclamée que par un individu ayant pris le
titre d'héritier, la situation du renonçant serait
la même; car il peut se faire qu'un individu
compte pour le calcul de la légitime et n'y
prenne pas part. Tel est le cas d'une fille qui
a renoncé par contrat de mariage; tel était à
l'époque classique le cas d'un légitimaire pourvu
par un legs de sa légitime et ne réclamant pas
le montant de son legs. Dans ce cas la renonciation du légitimaire profite à celui qui est
chargé de fournir la légitime; or, dans l'hypothèse prévue par la Novelle xcii, c'est le légitimaire renonçant lui-même qui est chargé de
fournir les légitimes. Si donc il ne pouvait lui-
même réclamer une légitime à cause de sa
renonciation, il profiterait néanmoins de sa

propre légitime, tout comme en profiterait un
donataire étranger qui ne serait pas tenu de la
fournir. Nous conclurons de là que tout en
acceptant la conséquence déduite par Merlin,
nous n'en verrons pas une application à la
Novelle xcii.

Mais une application certaine de ce principe,
c'est que le légitimaire pourra renoncer à la
succession pour soustraire à l'action des créanciers héréditaires, les biens qu'il obtiendra par
retranchement des donations. M. Ragon a dit :
« C'est surtout pour la solution de cette difficulté que les interprètes imaginèrent d'appeler
la légitime une quote des biens et non de l'héridité. » Sans aller si loin, nous dirons que
c'est là la conséquence capitale du principe
posé par les jurisconsultes des pays de Droit
écrit. C'était en vain que Ricard cherchait un
remède à cette difficulté dans le bénéfice d'inventaire ; le bénéfice d'inventaire ne remédiait
à rien, et laissait les légitimaires en butte aux
attaques des créanciers héréditaires. Disons
toutefois que même en voyant dans la légitime
une quote part de l'héridité, il n'était pas impossible de mettre le légitimaire à l'abri du
recours des créanciers de la succession ; c'est
ce qu'a parfaitement démontré Pothier, dont la

théorie a été consacrée par les rédacteurs du Code civil.

Il résulte de notre principe que la répudiation de l'hérédité n'exclut pas du droit de demander une légitime. Furgole nous apprend que telle est la jurisprudence du Parlement de Toulouse, qui le juge ainsi tous les jours sans difficulté; et Furgole cite un arrêt « du 2 mai 1726, au rapport de M. Deigna, en la Grand'Chambre, en faveur de Jean Caubet, contre Jean Rigaud, par lequel la légitime fut adjugée à Caubet sur le patrimoine de son père, dont il avait répudié l'hérédité, quoiqu'il ne l'eût point réservée en répudiant. »

Une troisième conséquence non moins évidente que les deux premières est celle-ci : un fils qui jouit d'une partie des biens de son père, à titre de légitime, n'est pas censé par cela seul avoir fait acte d'héritier. Mais notre règle cesserait de s'appliquer si le légitimaire était en possession d'une portion de biens plus considérable que sa légitime, s'il détenait, par exemple, toute sa part héréditaire. La loi 78 D. *de acquir. hered.* prévoit un cas analogue, et le résout comme nous venons de le faire.

§ II. — Quelles personnes ont droit a une légitime ?

Dans les pays de Droit Écrit, comme à Rome, ont droit à une légitime : les descendants, les ascendants et les frères et sœurs. Quoique la légitime soit une quote-part des biens et non de l'hérédité, il n'en est pas moins vrai que pour avoir droit à une légitime, il faut être capable de succéder; car enfin si la légitime n'a pas besoin d'être demandée à titre hériditaire, elle n'en est pas moins calculée sur la part *ab intestat*, et celui qui est incapable de succéder n'aurait rien eu *ab intestat*. Ainsi, un moine étant incapable d'hériter ne peut recueillir une légitime, et ne compte pas pour la fixation de la légitime de ses frères (1).

Occupons-nous d'abord des enfants. Une grande différence existe à cet égard entre le Droit romain et le Droit écrit ; en pays de Droit écrit, les bâtards, à qui on refuse tout droit de

---

(1) On se demandait s'il fallait assimiler aux moines les chevaliers de Malte, et leur refuser une légitime. L'opinion générale s'était prononcée pour l'affirmative. Toutefois au cas de captivite, les chevaliers de Malte n'étant jamais rachetés aux dépens de l'ordre avaient, en faveur de la liberté, le droit de légitime, sur les biens des successions, de leurs pères et mères.

successibilité ne peuvent prétendre à une légitime même dans la succession de leur mère ; leur droit se borne à pouvoir demander des aliments. C'est la seule différence que nous relevions à propos des enfants entre la jurisprudence des pays de Droit Écrit et le Droit romain.

Les ascendants avaient droit à une légitime dans les pays de Droit Écrit; cette légitime était même si favorable que la coutume de Toulouse qui excluait la mère de la succession de son fils au profit du plus proche parent paternel, lui accordait néammoins une légitime. Le droit de légitime des ascendants était au moment de la Révolution, celui que nous avons vu dans la seconde partie de ce travail. Mais antérieurement une grave modification y avait été apportée par un édit donné par le roi Charles IX à Saint-Maur, en mai 1567 et dit Edit des mères. Nous trouvons cet édit rapporté à la page 161 du *Code du Roy Henry III*; il avait pour but d'empêcher les femmes de recueillir dans la succession de leurs enfants les propres paternels; il décidait en conséquence « que les biens desdicts enfants provenus des frère, ayeul, oncles, collatéraux ou autres, de quelque endroit que ce soit, du costé paternel, retourneront à ceux à qui ils doivent retourner, sans que lesdictes mères y puissent succéder. » La Cour avait déclaré que cet édit aurait lieu aussi bien entre les roturiers qu'entre les nobles, parce qu'il est général (arrêt du 7 février 1573). L'art 2 *in fine* de l'Edit disait : «..... Et outre, pour tout droict de légitime, elles jouyront leur vie durant de l'usufruict de la moitié des biens propres appartenant à leurs dicts enfans, avant qu'ils fussent décédés, sans qu'elles y puissent prétendre aucun droict de propriété.» L'ordonnance de Charles IX n'ayant visé expressément que les mères, on se demandait s'il fallait l'étendre aux pères et aux aïeuls et aïeules ; Renusson était pour l'affirmative, mais Charondas le Caron annotateur du Code Henry III était d'un avis opposé. « Mais je ne puis me persuader, dit-il, jusques à ce qu'il y ait arrêt de Cour de Parlement, que cet édict ne parlant que des mères et n'ayant été faict qu'à l'occasion d'icelles, doive être tiré aux pères, qui sont chefs de la famille de leurs enfants, y ayant grande différence entre les pères et les mères, pour la conservation des familles, qui prennent fin aux femmes, et se perpétuent et maintiennent aux hommes. » Cet édit qui, au dire de Renusson, n'avait été rendu que pour l'intérêt particulier du maréchal de Montluc, n'avait été reçu que dans les Parlements de Paris, de

Provence et de Dijon (1). Il fut rapporté par
Louis XV en 1729 et le droit de succession des
mères fut replacé sous l'empire du Droit romain.

On se demandait quelle devait être la légitime des ascendants lorsqu'ils étaient appelés
à la succession *ab intestat* en concours avec
des frères et sœurs, le défunt ayant fait un testament au profit de personne, *non turpes* ; les
frères et sœurs ne pouvaient donc se plaindre.
Dans ce cas, les ascendants avaient-ils droit au
tiers de toute la succession, ou seulement au
tiers de leur part ? La question est des plus délicates. Les Parlements de Bordeaux, d'Aix, de
Grenoble, de Dijon, après avoir longtemps
hésité, avaient décidé que dans ce cas, les ascendants auraient droit au tiers de toute la succession.

Par rapport aux frères et sœurs, on appliquait purement et simplement les règles du
Droit romain.

Les justes causes d'exhérédation étaient dans
le Droit Écrit, les mêmes que dans le Droit de
Justinien. Toutefois, Domat nous apprend
qu'on ne pratiquait plus celle que Justinien
avait fondée sur l'hérésie; et d'autre part aux

---

(1). Renusson Propres Ch. II Sect. 20.

cas prévus dans le Droit romain, il propose d'en ajouter deux autres ; celui où l'enfant aurait attenté aux jours de sa belle-mère, et celui où il aurait refusé des aliments à son auteur dans le besoin (1).

§ III. — SUR QUELS BIENS SE CALCULE LA LÉGITIME ?

Cette question présente un double intérêt ; car la solution fixera le montant de la masse sur laquelle on calculera la légitime et de plus déterminera les biens sujets à retranchement. En principe cette masse comprend d'abord les biens qui sont dans le patrimoine du défunt et ceux dont il a disposé à cause de mort. Mais à cet égard on se demandait s'il fallait faire entrer dans la masse le montant des legs pieux, des legs faits par forme de restitution de vol ou d'usure, les legs rémunératoires. Relativement aux legs pieux bien qu'ils ne fussent pas sujets au retranchement de la Falcidie, la majorité des auteurs admettait qu'il n'y avait pas lieu d'étendre à la légitime les dispositions qui régissaient la Falcidie. La Falcidie, dit Furgole, « n'est introduite que par le droit civil ; au lieu que la légitime due aux enfants

_____

(2). M. Boissonade Histoire, de la réserve héréditaire p. p. 343 et 344.

est fondée sur le droit naturel, et par conséquent, doit être considérée avec plus de faveur
que les legs pieux et les donations faites aux
églises. »

S'il s'agit d'un legs fait par restitution de vol
ou d'usure, il faut distinguer suivant que le vol
ou l'usure sont prouvés ou non; au premier
cas, le *de cujus* acquitte une dette plutôt qu'il
ne fait une libéralité, et par conséquent le montant du legs doit être déduit de la masse, de
même que les biens qui servent à acquitter les
dettes.

On fait une distinction analogue quand le
legs est rémunératoire, et si les services sont
prouvés et de nature à donner naissance à une
action en justice, on ne soumet pas les legs
rémunératoires à la légitime.

Que décidait-on à l'égard des donations entre vifs? Le Droit romain était à cet égard plein
d'obscurités. Le droit classique ne soumettait
à la légitime que les biens dont le défunt était
propriétaire au moment de sa mort. Sans doute,
dans la suite, des Constitutions impériales éta-
blirent ainsi que nous l'avons vu et à l'imitation
de la *querela inofficiosi testamenti* une *querela
inofficiosæ donationis* dans le but d'atteindre
les donations excessives. Mais ces constitutions
n'avaient pas posé une règle déterminant dans

quels cas il y aurait lieu à la *querela inofficiosæ donationis*. Devait-on pour calculer la légitime faire entrer dans la masse le montant des donations inofficieuses? La donation pour être sujette à *querela* devait-elle être énorme? Ces questions étaient restées sans solution. La Novelle xcii fit cesser l'incertitude sur un de ces points quand la donation avait été faite à un légitimaire; elle décida que dans ce cas, le montant de la donation devait entrer dans la masse; mais la Novelle prévoyait une donation excessive. Les jurisconsultes des pays de Droit Écrit s'efforcèrent, à l'aide des textes du Droit romain, de subvenir aux difficultés de la pratique; ils soumirent à la *querela* les donations, même modiques; ceci fut admis sans grande difficulté (1). Une vive controverse s'éleva au contraire sur le point de savoir s'il fallait étendre la Novelle xcii aux donations faites à des étrangers. La jurisprudence n'a été fixée irrévocablement que par l'ordonnance de 1731 qui dans son art. 34 assimila les donations faites à des étrangers à celles qui étaient faites à des légitimaires. Cette jurisprudence était excellente, mais c'est aux jurisconsultes des pays de

---

(1) Arrêt des Brinons du Parlement de Paris du 27 mai 1558.

Droit écrit qu'il faut en faire revenir l'honneur et non aux constitutions impériales qui n'ont réellement rien à voir en cette afffaire. C'est donc alors seulement que prit corps la théorie acceptée par notre droit moderne et qui consiste à dire que, pour former la masse, on doit, aux biens existants, réunir les biens donnés.

Il était généralement admis qu'on pouvait légitimer deux fois sur les mêmes biens. Ainsi supposons une femme avant reçu de son mari une libéralité par contrat de mariage ou bien une libéralité testamentaire. Quand le mari vient à mourir, les enfants prennent leur légitime sur une masse dans laquelle on fait entrer le montant des libéralités faites à la mère ; et quand celle-ci meurt, les biens qu'elle a reçus de son mari doivent encore supporter la distraction de la légitime maternelle. Une jurisprudence différente était suivie dans le Parlement de Provence qui décidait qu'on ne pouvait légitimer deux fois sur les mêmes biens. Toutefois cette jurisprudence n'était pas suivie lorsqu'il s'agissait, non pas d'une institution d'héritier, mais d'un simple legs en faveur de la mère. Alors quoique le legs eût fait fonds dans la succession du père pour la légitime qui était due sur ses biens, il faisait encore fonds dans la succession de la mère.

§ IV. — QUELLES LIBÉRALITÉS S'IMPUTENT SUR LA LÉGITIME?

Nous savons que la légitime devait être laissée à titre d'institution; sans doute la jurisprudence des Parlements avait hésité, mais l'ordonnance de 1731 avait fait cesser toute espèce
de controverse à cet égard. Le principe de la
Novelle cxv étant admis, il n'en restait pas
moins vrai que les libéralités imputables d'après
l'ancien Droit, restaient encore imputables sous
l'empire de la Novelle; Ferrière était seul d'un
avis différent (1).

Ainsi donc le légitimaire devait imputer tout
ce qu'il avait reçu du défunt à titre de disposition de dernière volonté, c'est à dire à titre
d'institution, de legs ou de donation à cause de
mort.

Mais si le père a chargé son héritier de donner au légitimaire une certaine somme, cette
somme sera-t-elle imputable sur la légitime?
Sans doute la loi 36 C. *de inoff. test.* décide

---

(1) Ferrière, nouvelle traduction des Institutes, édition de
1770, p. 169 et 170.

7

qu'on ne doit imputer sur la légitime que ce qui provient du patrimoine du défunt ; mais pour expliquer ces mots *ex ipsa substantia patris*, il faut les rapprocher du reste du texte ; or dans quel cas le texte prévoit-il que la *repletio* n'avait pas lieu *ex ipsa substantia patris*? Dans le cas où le légitimaire, ayant reçu une nue-propriété, l'usufruitier viendrait à mourir ; la valeur de l'usufruit ne serait pas imputable. Si notre texte voulait dire que l'on doit imputer sur la légitime les choses qui ont appartenu au défunt et celles-là seulement, le légitimaire aurait dû imputer la valeur de l'usufruit qui vient évidemment du patrimoine du *de cujus*. Les mots *ipsa substantia patris* veulent dire que la disposition doit être faite directement et principalement au profit du légitimaire ; ils veulent dire que la valeur imputable doit provenir uniquement du fait du *de cujus* et non d'un événement étranger à celui-ci ; or en cas de legs de nue-propriété, si l'usufruit vient à se réunir à la nue-propriété entre les mains du légitimaire, cette réunion a pour cause principale non pas la volonté du défunt, mais le décès de l'usufruitier. Tandis qu'en cas de charge imposée à l'héritier « le testateur ayant laissé à son héritier de quoi compenser la charge qu'il lui a imposée, doit être censé l'avoir en quelque sorte

achetée, et confondue dans son patrimoine. »
(Merlin).

Doit-on imputer ce que le légitimaire gagne
par droit d'accroissement, soit comme institué,
soit comme légataire ? Je crois qu'il faut répondre non, sans hésiter. La loi 36 C. est formelle
à cet égard, et la pensée du législateur me paraît avoir été celle-ci : on n'imputera que le
montant des libéralités faites directement au
légitimaire. Je veux bien que l'accroissement
ait pour fondement la volonté du testateur ;
mais quand un substitué vulgaire recueille une
part héréditaire à défaut de l'institué, son droit
a aussi sa source dans la volonté du défunt, et
pourtant dans ce cas la portion héréditaire qu'il
recueille n'est pas imputable aux termes même
de notre loi : «..... *Repletionem fieri ex ipsa
substantia patris, non si quid ex aliis causis
filius lucratus est, vel ex substitutione, vel ex
jure accrescendi, utputa ususfructus; humani-
tatis enim gratia sancimus, ea quidem omnia
quasi jure adventitio eum lucrari : repletionem
autem ex rebus substantiæ patris fieri.* » Tout
au plus admettrions-nous qu'il y a lieu d'imputer, quand la cause d'accroissement est antérieure au décès du *de cujus*, quand cette cause
est, par exemple, le prédécès du colégataire
du légitimaire. Je dois reconnaître pourtant que

telle n'est pas la solution qu'avaient admise nos anciens auteurs; Ricard et Merlin (1) décident que l'imputation n'aura pas lieu, à moins que le droit d'accroissement ne se produise après que le legs aura passé dans la main d'un autre; ce texte n'aurait, dans cette explication, prévu que le cas d'un usufruit, tandis que nous voyons au contraire que ce cas n'est cité que comme exemple. Lebrun d'ailleurs n'adopte cette résolution qu'à l'égard d'un accroissement qui se fait par droit héréditaire et non à l'égard de l'accroissement qui a lieu dans les legs.

Relativement aux libéralités entre vifs, elles ne s'imputaient en Droit romain que dans certains cas exceptionnels; en pays de Droit Écrit la règle fut renversée et on posa en principe que toute donation entre vifs était imputable, sauf clause contraire. Voici donc encore un point sur lequel le Droit écrit complète le Droit romain en le corrigeant. Ce fut en vain que Cujas s'opposa, au nom des textes du Droit romain, à cette innovation; l'innovation était vue avec faveur, en sorte que l'on se montra peu difficile sur la justesse des motifs qu'on en donnait. Merlin indique comme raison que Justinien ayant dans la Novelle xcxii décidé qu'on ferait

---

(1). Merlin, Répertoire V° Légitime. Sect. VII § III art. I. V.

entrer dans la masse, le montant des donations
faites à des légitimaires, ces donations devaient
par voie de conséquence, être imputables. L'argument n'est pas bien fort, mais, disons-le, le
résultat est excellent.

§ V. — DU QUANTUM DE LA LÉGITIME.

La quotité de la légitime était celle qui avait
été fixée par la Novelle xviii de Justinien.

Une controverse s'était élevée sur le point de
savoir si la légitime des frères, dans le cas où
elle avait lieu, était encore fixée au quart comme
dans le Droit antérieur à Justinien, ou bien si
elle était augmentée par le chap. I de la Novelle xviii. Le premier parti était soutenu par
Lebrun et Voët, et le second, avec plus de raison, par l'illustre Cujas; on sait, en effet, que
la Novelle, après avoir indiqué les innovations
qu'elle introduit, ajoute : « *hoc observando in
omnibus personis in quibus ab initio antiquæ
quartæ ratio de inofficiose lege decreta est.* »
Ajoutons toutefois que même en pays de Droit
Écrit, des coutumes locales avaient apporté des
modifications à cette quotité de la légitime.

Nous allons reprendre ici la question que
nous avons déjà traitée dans les deux périodes

précédentes, et qui consiste à se demander
quels sont ceux qui font nombre pour le calcul
de la légitime ; c'est là la question capitale de
notre sujet. Une première règle incontestable
à poser en cette matière, est qu'il faut compter
tous ceux qui ayant droit de prendre une légitime, la prennent effectivement. Il est bon toutefois de remarquer, avec Merlin, que ceux qui
ont droit de légitime, sont quelquefois comptés
d'une manière différente les uns des autres ;
ainsi les enfants d'un fils prédécédé concourant
avec leurs oncles ou tantes dans la succession
de leur grand-père, ne font à eux tous qu'une
tête.

Mais il peut arriver qu'un enfant soit renonçant ; dans ce cas, devra-t-on le compter ? Trois
hypothèses sont à distinguer : 1° l'enfant a renoncé par contrat de mariage ; 2° il a renoncé
aliquo accepto et pour s'en tenir à son don ; 3°
il a renoncé *nullo accepto*. Ainsi que M. Labbé
le fait justement remarquer, la troisième hypothèse est plus théorique que pratique ; les anciens auteurs ont traité cette question, mais
M. Labbé déclare qu'il n'a jamais rencontré
d'arrêt la résolvant. En effet, s'il existe des
biens sur lesquels se peut prendre la légitime,
on ne voit pas bien pourquoi un enfant qui n'a
rien reçu renoncerait à réclamer sa part.

1° L'enfant a rénoncé par contrat de mariage. Supposons une fille mariée, dotée par son père et renonçant par contrat de mariage à la succession de celui-ci, ainsi qu'au droit de demander le supplément de sa légitime. Cette fille devait-elle faire nombre? Malgré les divergences qui s'étaient produites à cet égard, il faut dire qu'en principe, il avait été admis que cette fille devait faire nombre. Imbert se prononce en ce sens dans son Enchiridion. Les Parlements des pays de Droit Écrit avaient admis la même règle; ils décidaient en même temps que c'étaient l'hérédité qui profitait du montant de l'écart existant entre ce qu'avait reçu la fille dotée et renonçante et sa part de légitime. Il y avait, en quelque sorte, un marché entre le père et la fille, et moyennant sa dot, celle-ci s'engageait à n'exercer aucun retranchement sur la succession de son père. C'était donc, on peut le dire, en faveur du père qu'avait lieu la renonciation, et dès lors, lui seul devait en profiter; la part de la fille renonçante devait donc augmenter le disponible aux mains du père. Le père a acheté le droit d'augmenter son disponible. Il en serait autrement, si la renonciation avait été faite au profit d'un ou de plusieurs des colégitimaires de la fille; le défunt ayant acquitté le prix de la renonciation, il y aurait de sa part donation de la portion du renonçant au profit de ceux en faveur desquels la renoncia- tion serait stipulée. Mais en supposant la re- nonciation pure et simple, il faut décider que la part du renonçant est acquise à l'hoirie. Telle était la jurisprudence du Parlement de Bor- deaux, au dire d'Automne, du Parlement de Toulouse, au dire de La Rocheflavin et du Par- lement de Grenoble, au dire de Papon. Des- peisses nous apprend que le Parlement de Pa- ris jugeait aussi en ce sens pour les provinces de son ressort régi par le Droit Écrit. La renon- ciation de la fille à la succession de son père et de sa mère qui l'ont dotée, ne la mettait pas à l'abri des poursuites de ses frères et sœurs. Ri- card, toutefois, était d'un avis contraire, par la raison, disait-il, « qu'il n'est pas juste que la fille qui a ainsi renoncé, ne pouvant gagner, puisse perdre. » Mais Lebrun, Argou, Ferrière, le premier Président de Lamoignon, Bretonnier et le Président Espiard soutenaient notre pro- position. En effet, sans cela un père eut pu, en donnant une dot très considérable à sa fille renonçante porter atteinte à la légitime des autres enfants.

Cujas n'admettait pas la doctrine que nous venons d'exposer; mais Merlin (1) suppose

(1) Rep. Légitime sect. viii, § 1.

qu'il ne pensait de la sorte que parce qu'il considérait la renonciation comme gratuite. Le légitimaire renonçant serait alors assimilé à un légitimaire justement exhérédé.

2° L'enfant a renoncé *aliquo accepto* et pour s'en tenir à son don. Dans ce cas, il est bien évident que le légitimaire renonçant doit faire part puisqu'il a sa légitime qu'il a reçue en avancement d'hoirie.

3° L'enfant a renoncé *nullo accepto*. On faisait alors plusieurs distinctions. Si la renonciation que nous supposons gratuite était pure et simple, c'est-à-dire n'était faite en faveur de personne, on décidait généralement que le renonçant aurait dû faire nombre et sa part rester dans l'hérédité. Ricard, Lebrun, Rousseau de Lacombe pour décider que le renonçant ne faisait pas part s'appuyaient sur la loi 75 D. *de inoff. test.*, qui, ainsi que nous l'avons vu, prévoyait une toute autre hypothèse.

Si la renonciation, tout en étant gratuite, était faite en faveur, ou distinguait suivant qu'elle était faite au profit de tous les copartageants ou seulement au profit de quelques-uns. Au premier cas, le renonçant ne faisait pas nombre, car, renoncer au profit de tous les copartageants revient à faire une renonciation

pure et simple. Au second cas le renonçant faisait nombre.

Si la renonciation a été achetée, Merlin
distingue encore suivant qu'elle l'a été par tous
les copartageants ou par quelques-uns d'entre
eux. Au second cas seulement, le renonçant
fait nombre. Je serais plutôt tenté de dire que
dans les deux cas, le renonçant doit faire nombre, parce que le légitimaire fait acte de maître
sur sa portion.

Quand au point de savoir si l'exhérédé devait
faire part, nous l'avons longuement examiné
dans la première partie de ce travail ; nous n'y
reviendrons pas. Nous dirons seulement que les
jurisconsultes des pays de Droit écrit, étaient à
cet égard fort divisés sur l'interprétation des
textes du Droit romain.

Les morts civilement ne faisaient pas nombre
pour le calcul de la légitime, non plus que les
enfants morts avant leur père lors même qu'ils
auraient reçu une donation de celui-ci. Les re-
ligieux profès étant incapables de succéder ne
faisaient pas nombre et il fallait en dire autant
des chevaliers de Malte. Toutefois, comme les
chevaliers de Malte avaient le droit, lorsqu'ils
étaient faits esclaves, de demander une légitime
sur les biens de leurs pères et de leurs mères
ou autres ascendants pour racheter leur liberté,

le parlement d'Aix décidait qu'ils devaient être comptés dans le règlement de la légitime des autres sous la condition qu'ils auraient un jour besoin de rançon, et par conséquent on liquidait les portions de leurs frères et sœurs comme s'ils n'existaient pas, sauf à les augmenter ou diminuer dans la suite, s'ils venaient à perdre leur liberté.

Ceux qui laissaient prescrire leur part légitimaire faisaient nombre pour régler celle des autres, par la raison que la prescription équivaut à un paiement effectif. Ainsi le jugeait le parlement de Toulouse.

Quelle sera, sur le *quantum* de la légitime, l'influence de ceux qui, sans être légitimaires, ont droit de prendre une part dans la succession, *ab intestat*? Ainsi un homme riche laisse une femme pauvre et des enfants. S'il y a quatre enfants, leur mère fera-t-elle nombre à l'effet d'élever leur légitime à la moitié de leur part *ab intestat*, comme s'ils étaient cinq? Et cette question résolue, faudra-t-il calculer leur légitime sur toute la succession ou seulement sur la succession diminuée de ce que prend la mère? Merlin (1) examine la question et la résout en ce sens que la femme pauvre n'ayant dans ce cas qu'un droit d'usufruit ne doit pas

(1) Rep. Vᵒ Leg. Sect. viii, § 1.

compter et qu'il ne faut pas déduire de la masse
la portion qui lui est attribuée. Seulement, les
enfants supporteront l'usufruit de leur mère
proportionnellement à ce qu'ils prennent dans
la succession.

§ VI. — DE L'ACTION EN COMPLÉMENT DE LÉGITIME.

Dans quel ordre, les biens sujets à légitime,
doivent-ils contribuer à la fournir? La légitime
se prend d'abord sur les biens dont le défunt n'a
pas disposé. S'il a fait un testament on s'attaque
premièrement à l'héritier institué, et seconde-
ment aux légataires.

En dernier lieu, les donataires entre vifs sont
atteints. Contribuent-ils proportionnellement au
paiement de la légitime, ou doit-on, au contraire,
épuiser d'abord les dernières donations? La
question était vivement controversée aussi bien
en pays de coutumes qu'en pays de Droit Écrit;
toutefois, dans ces derniers pays, le second parti
me semble avoir prévalu de bonne heure. Ainsi,
La Rocheflavin et Cambolas rapportent deux
arrêts rendus en ce sens au parlement de Toulouse, le 13 septembre 1593 et le 31 janvier 1603. Les Parlements de Grenoble et de
Bordeaux suivaient une jurisprudence analogue.
Les motifs à l'appui de cette jurisprudence sont

donnés avec une netteté admirable dans les conclusions suivantes, de l'avocat général Joly de
Fleury : « ..... Si l'on examine la question dans
les règles, il y a un premier principe certain :
les donations sont irrévocables de leur nature ;
anciennement même, elles ne pouvaient être
retranchées pour la légitime ; mais depuis on a
établi des constitutions pour les attaquer par
l'inofficiosité ; on ne le peut que lorsqu'elles
sont inofficieuses, et il n'y a certainement que
la dernière qui soit telle, puisque si elle n'avait
point été faite, il n'y aurait point eu d'inofficiosité. Un second principe est que si on auto-
risait la contribution, il dépendrait d'un père de
détruire les avantages faits au premier donataire
par la première donation, en faisant d'autres
donations immenses ; ainsi le parti de la discussion paraît le plus conforme aux règles..... »
Ces raisons sont si décisives qu'on se demande
quelle a pu être la cause de la controverse. Voici
quelle était la raison de doute. Si les donataires
étaient des enfants du donateur, le système du
retranchement des donations par ordre successif, établissait nécessairement une inégalité
entre eux ; inégalité qui n'avait pas été dans
les intentions du père de famille. Malgré cet
inconvénient, ce fut le retranchement par
ordre successif qui fut consacré par l'art. 34
de l'ordonnance de 1731.

Que décider, si le dernier donataire est insolvable? Les avis étaient à cet égard fort partagés; au surplus, nous retrouverons la question et nous la résoudrons dans notre thèse de Droit français.

Si, après avoir parcouru l'histoire de la légitime, nous jetons un coup d'œil en arrière, nous reconnaîtrons que les innovations introduites dans une longue série de siècles se rapportent à deux buts : rendre la *querela* le plus rare possible et améliorer la situation des légitimaires. C'est au premier de ces buts qu'il faut rattacher la Constitution de Constantin qui décide qu'il n'y aura pas lieu à *querela,* quand le père aura déclaré que la légitime doit être complétée *boni viri arbitratu,* et la Constitution de Justinien qui supprime la nécessité de cette mention en la sous-entendant. Les Constitutions qui ordonnent d'imputer certaines libéralités entre vifs non imputables jusque-là, rentrent aussi dans le même ordre d'idées.

La situation des légitimaires a été améliorée par l'introduction de la *querela inofficiosæ donationis,* par la détermination des justes causes d'exhéréder, et la nécessité pour le testateur d'indiquer celle qui motive l'exhérédation, par l'obligation de laisser la légitime en pleine propriété, par l'élévation du chiffre de la légitime,

et même, suivant un grand nombre d'auteurs,
par la nécessité d'instituer le légitimaire. Le
Droit Écrit persévéra dans cette voie et endéci-
dant que les biens donnés entre vifs, entreraient
dans la masse, il compléta la théorie que l'introduction de la *querela inofficiosæ donationis*
n'avait fait qu'ébaucher.

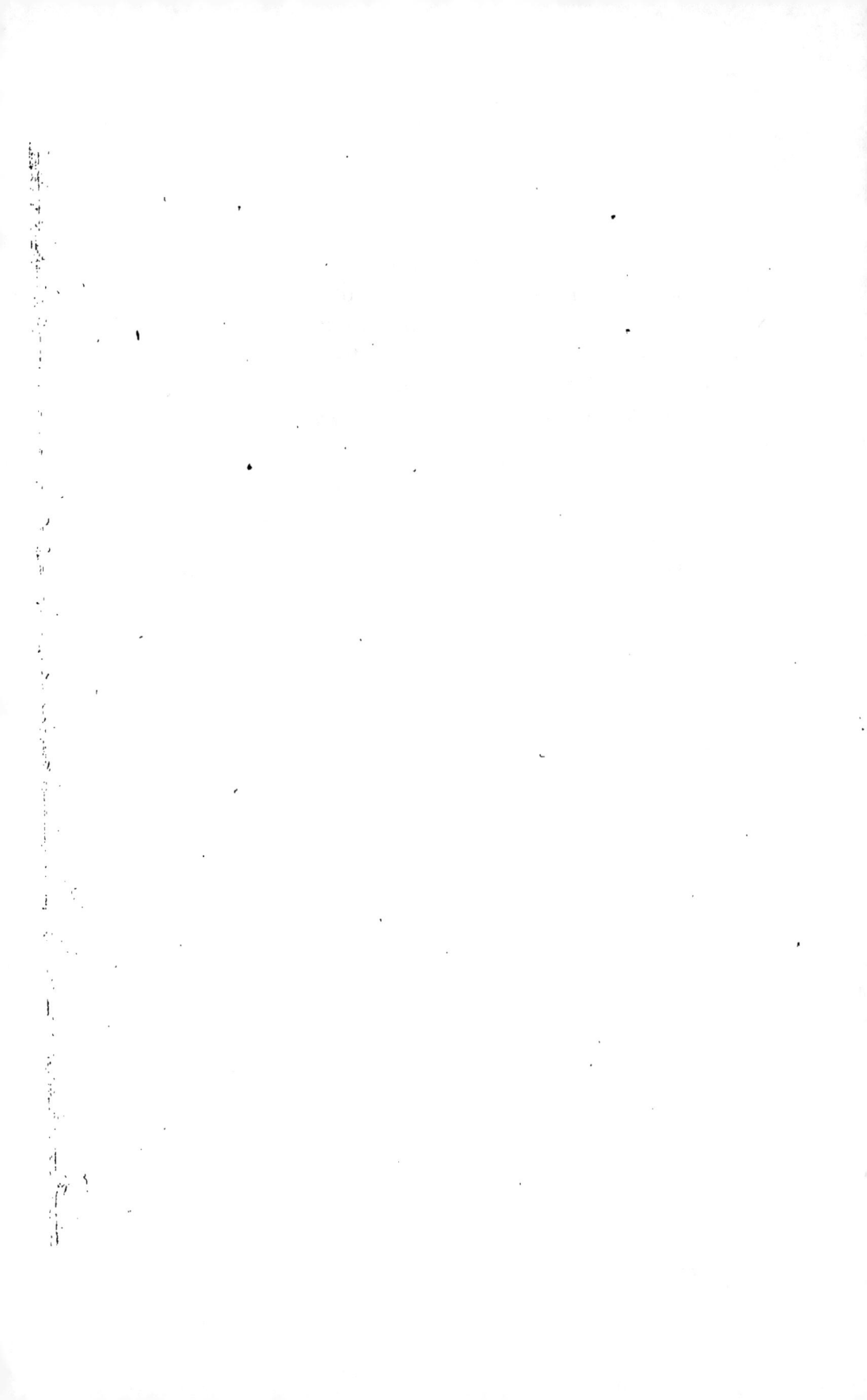

DROIT FRANÇAIS

DE LA RÉDUCTION DES LIBÉRALITÉS
QUI EXCÈDENT LE DISPONIBLE

Introduction

Les liens du sang créent entre certains proches des obligations que tout le monde reconnaît, et que toute législation a le devoir de
sanctionner. L'enfant doit respect à son père
et à sa mère; le père et la mère doivent nour-
rir, entretenir et élever leurs enfants. Mais
notre législateur obéissant en cela à la tradition, ne s'en est pas tenu à ces obligations
élémentaires; il a décidé qu'il existait une
obligation de libéralités entre certains proches.
Quand un homme peut faire des libéralités soit
entre vifs, soit testamentaires, le législateur a

8

pensé que ceux-là avaient les premiers droits à
ces libéralités qui étaient les descendants ou
les ascendants du donateur. Si un disposant
avantage exclusivement un étranger et néglige
les siens, la loi déclare que les sentiments de
la nature sont froissés ; elle va plus loin, elle
ne tient pas compte de ces libéralités en tant
qu'elles excèdent de justes limites ; elle suppose
que cet homme a obéi à des suggestions mau-
vaises, et elle croit ne pas pouvoir mieux remplir ses intentions véritables qu'en ne tenant pas
compte de ses intentions apparentes. Telle est
l'idée qui sert de fondement à la réserve et à
la réduction qui en est la conséquence.

Nous savons que la base de la succession
ab intestat est l'intention présumée du défunt.
La loi ne cherche pas à régler elle-même la
succession d'un défunt à défaut de règlement
fait par celui-ci : le législateur ne tient pas
compte des raisons politiques ou sociales qui
pourraient l'engager à attribuer le patrimoine
vacant à ceux-ci plutôt qu'à ceux-là ; il ne se
pose que cette question : Qu'eût fait le défunt
si la mort ne l'avait pas surpris ? Cette question
est résolue d'une façon générale en tenant
compte des affections raisonnables et présumées du commun des hommes. et là où allait
le cœur, on fait aller les biens. Cette base de la

succession *ab intestat* est aussi la base de la
réserve. Un père de famille meurt et laisse par
testament sa fortune à un étranger; que de-
vons-nous présumer? Que cet homme n'était
pas *sanæ mentis,* qu'il a cédé à des instigations
malsaines, que ses intentions n'ont pas été
librement exprimées, en un mot que nous ne
sommes pas en présence de sa pensée véritable
à sa dernière heure. En conséquence, on permet au réservataire de faire annuler, pour une
certaine partie, ce testament qui l'exhérède; et
ces biens maintenus dans le patrimoine de son
auteur, il les recueille à titre d'héritier *ab
intestat.* Mais pour ne pas retirer d'une main ce
qu'il donne de l'autre le législateur a mis ces
biens à l'abri des poursuites des créanciers
héréditaires; il accordait un bénéfice au réservataire seul, et il était juste que seul aussi ce
réservataire put en profiter.

Nous avons dit que l'origine de la réserve
était dans la tradition. Nous trouvons, en effet,
dans l'ancien Droit deux institutions distinctes
et d'origine diverse qui limitent le droit de libre
disposition du propriétaire : la réserve coutumière et la légitime. La réserve était une institution spéciale aux pays coutumiers, qui avait
pour fondement l'idée de la conservation des
propres dans les familles; elle ne limitait que

le droit de disposer par testament et n'avait
aucune application au droit de disposition entre
vifs. La réserve ne touchait que les propres et
non les acquêts, n'existait qu'au profit des
héritiers aux propres, quelqu'éloigné d'ailleurs
que fût le degré de parenté. Le chiffre des réserves coutumières était très élevé. Dans les
coutumes de Paris et d'Orléans, la réserve sur
les propres était des quatre quints.

Quant à la légitime elle existait à la fois
en pays de Droit écrit et en pays de coutume.
La légitime a une origine romaine; un professeur de Poitiers, M. Ragon, a même avancé
qu'on ne trouvait aucune trace du principe
qui lui sert de base dans les lois barbares.
M. Chambellan (1) trouve cette affirmation
excessive. Les bases de la réglementation
furent certainement empruntés au Droit romain:
mais il faut bien reconnaître qu'en Droit ger-
manique tous les biens étaient indisponibles au
profit de la famille; une fois, en Gaule, les
Franks apprirent bien vite, de la pratique gallo-
romaine, l'usage des testaments: mais les
Ripuaires ne permirent jamais de se donner un

(1) M. Chambellan a son cours. leçon du jeudi 16 mai 1872. Voir
Lex. Burg. 51. 1. Lex. Baj. T. 1. cap. 1. Loi 168 de Rotharis. Lex
Ripuar. T. 59-9 et tit. 48.

héritier qu'à celui qui n'avait ni fils ni fille.
Nous n'avons pas à parler de la légitime des
pays de Droit Écrit que nous avons déjà étu-
diée. La légitime coutumière différait à plusieurs égards de la légitime romaine; nous ne
signalerons qu'une différence. En pays de Droit
Écrit, l'opinion généralement admise était que
la légitime était une quote-part des biens non
de l'hérédité. Au contraire, en pays coutumiers
on avait admis la maxime de Dumoulin : « *Nemo
apud nos legitimam habet nisi qui heres est.* »
Toutefois la doctrine n'était pas bien ferme; et
l'opinion la plus commune était que s'il fallait
être héritier pour réclamer sa légitime par voie
d'action, il n'était pas nécessaire de l'être pour
la retenir par voie d'exception.

En général, le droit intermédiaire fut peu
favorable à la liberté du père de famille ; les
lois de la Révolution supprimèrent la faculté
d'exhéréder (Loi du 9 fructidor de l'an III).
Relativement à la quotité disponible, il faut
consulter la loi du 17 nivôse de l'an II. Le droit
pour le propriétaire de disposer à titre gratuit
fut resserré dans des limites très étroites, et
encore le *de cujus* ne pouvait-il disposer de ce
maigre disponible qu'au profit d'un étranger.
Ce système si rigoureux ne se maintint pas
longtemps; il fut modifié par une loi du 4 ger-

minal de l'an viii; le chiffre du disponible fut
élevé, et il fut permis au disposant de le donner
à un de ses héritiers.

Le Code fut infiniment plus libéral que cette
législation intermédiaire. Il maintint la règle
que le disponible pouvait être donné à l'un des
réservataires; il diminua le nombre ce ceux-ci
et augmenta le chiffre du disponible. Le Code
n'a pas admis non plus l'exhérédation *ex justa
causa*. Etant admis qu'il existe une réserve, il
faut reconnaître que la suppression de cette
faculté doit être approuvée. C'est qu'en effet
les exhérédations donnaient naissance à des
procès scandaleux qu'il est du devoir du législateur d'éviter.

Nous n'avons pas à examiner si l'institution
de la réserve est bonne en soi; nous devons
seulement dire qu'elle est vivement attaquée
par un certain nombre de publicistes partisans
de la liberté testamentaire du père de famille.
M. Le Play est à leur tête, et, en 1865, M. le
baron de Veauce portait la question à la tribune
du Corps législatif. Si la réserve est attaquée,
elle a aussi des défenseurs ardents, et parmi
eux il faut ranger comme le dernier en date,
M. Boissonade (1).

(1) *Histoire de la réserve héréditaire*, par M. Gustave Bois-onade.
Ouvrage couronné par l'Académie des sciences morales et politiques.

Le meilleur motif sur lequel se sont appuyés
les rédacteurs du Code est celui dont nous
avons parlé en commençant : c'est la présomption de volonté du *de cujus*. Ce motif a été
exprimé fort nettement par M. Tronchet, et
M. Duverger a pu dire à son cours : « La base
de la réserve, c'est la protection du disposant
lui-même. » (1)

Le Code n'a conservé que deux catégories de
réservataires. les descendants et les ascendants.
Dans la loi du 4 germinal de l'an viii, les frères
et sœurs avaient une réserve de moitié; en
remontant plus haut, nous trouvons aussi une
légitime au profit des frères et sœurs dans les
pays de Droit Écrit; il faut ajouter aussi que
dans la grande majorité des coutumes, les descendants seuls avaient droit à une légitime. On
discuta vivement au sein du Conseil d'État pour
savoir si on maintiendrait la règle de la loi de
germinal; Maleville se prononça pour les frères
et sœurs, Portalis et Tronchet furent contre
eux; ce fut l'avis de ces derniers qui prévalut.
M. Vernet (2) critique amèrement cette disposition, et il en appelle des rédacteurs du Code
aux législateurs à venir.

---

(1) M. Duverger a son cours, leçon du mercredi 5 février 1872.
(2) *Traité de la quotité disponible*, par M. Prosper Vernet. page 349
et suivantes.

La quotité disponible varie suivant le nombre et la qualité des réservataires. Elle est de moitié des biens du disposant, s'il ne laisse à son décès qu'un enfant légitime; du tiers s'il en laisse deux, et du quart s'il en laisse trois ou un plus grand nombre. Si, à défaut d'enfant, le défunt laisse un plusieurs ascendants dans chaque ligne paternelle ou maternelle, il ne peut disposer que de la moitié de ses biens; il peut disposer des trois quarts, s'il ne laisse d'ascendants que dans une ligne.

Ces explications préliminaires étant données, nous allons entrer dans le vif de notre sujet, que nous diviserons en deux parties. Dans une première partie nous traiterons du Principe, et dans une seconde de l'Organisation de la réduction.

PREMIÈRE PARTIE

Principe de la Réduction (1)

L'article 920 est ainsi conçu : « Les dispositions soit entre vifs, soit à cause de mort qui
excéderont la quotité disponible seront réductibles à cette quotité, lors de l'ouverture de la
succession. » Vient ensuite l'art. 921, qui nous
dit : « La réduction des dispositions entre vifs
ne pourra être demandée que par ceux au profit
desquels la loi fait la réserve par leurs héritiers
ou ayants-cause; les donataires, les légataires
ni les créanciers du défunt ne pourront demander cette réduction ni en profiter. » Ainsi donc,

---

(1) J'ai adopté dans ce travail, sans en indiquer l'origine, un
certain nombre de théories enseignées à la Faculté de Paris.
Mon silence a sa cause dans des raisons qu'il est facile de deviner. J'ai cru, toutefois, qu'il était bon de déclarer que si j'assu-
mais la responsabilité de toutes les opinions que j'ai émises, je
ne voulais nullement m'en attribuer le mérite.

les héritiers réservataires ont le droit de faire
réduire les donations entre vifs lorsqu'elles excèdent la quotité disponible calculée sur une
masse dans laquelle, aux biens existant lors du
décès, on réunit fictivement les biens donnés
entre vifs. La première question que l'on est
amené à se faire en lisant les textes cités plus
haut consiste à se demander quelle est la nature de ce droit.

Posons d'abord en principe que c'est un droit
que les réservataires ne trouvent pas dans la
succession de leur auteur. Le *de cujus* ne pouvait faire réduire les donations par lui consenties (1). Bien plus, ce droit n'existait pas dans
son patrimoine, même conditionnellement,
c'est-à-dire soumis à une condition ne pouvant
être accomplie qu'à sa mort. On pourrait faire
le raisonnement suivant : sans doute le *de cujus* ne peut pas faire réduire les libéralités par
lui consenties, mais c'est parce qu'il n'est pas
certain qu'à l'époque de son décès elles excéderont le disponible, parce qu'il n'est pas même
certain qu'à cette époque il y aura des réservataires. Le *de cujus*, pourrait-on dire, est dans
la situation où se trouverait un père de famille,

(1) Paris, 1er mai 1865. *Gazette des Tribunaux* des 8 et 9 mai 1865.

en faveur de qui un tiers aurait consenti une
obligation indéterminée quant à présent dans
sa quotité, et sous la condition que le montant
de cette obligation ne serait exigible que si, au
décès du père créancier, celui-ci avait des enfants. La condition se réalisant, les héritiers
testamentaires ou *ab intestat* du créancier, et
en général ses ayants-cause, exerceraient alors
un droit que lui même n'eût pu exercer. Telle
n'est pas notre situation. Le droit de demander
la réduction n'appartient à aucun égard au disposant. Il n'a pas un droit paralysé par cette
circonstance qu'on ignore si, à son décès, la
réserve sera entamée, qu'on ignore même s'il
y aura lieu à réserve; il n'a absolument aucun
droit. Les libéralités qu'il a faites ont à son
égard un caractère irrévocable, et il en résulte
qu'il ne pourrait pas même faire d'actes conservatoires. La preuve évidente de cette vérité est
dans l'article 921, qui dit que les créanciers ne
pourront ni demander la réduction ni en profiter. — Si les réservataires ne trouvent pas ce
droit dans la succession de leur auteur, c'est
donc qu'il a pris naissance sur leur tête et qu'il
n'a jamais existé sur un autre. C'est en effet la
loi qui, avec son pouvoir souverain, l'a établi
au profit des réservataires.

On peut se demander si le droit de réduction

qui est propre aux réservataires a pour fondement une idée de co-propriété existant entre ceux-ci et le débiteur de la réserve, sur le patrimoine de ce dernier. Cette idée a été quelquefois employée sous forme de fiction pour expliquer le droit des enfants à une légitime et à la réduction qui en est la conséquence. A la rigueur, cette fiction cadrerait assez bien avec la disposition de la loi qui permet de faire réduire les donations et legs ; mais si on l'admettait, il serait impossible d'expliquer pourquoi le père a le droit d'aliéner à titre onéreux et de consommer en folles dépenses tout son patrimoine. L'idée de co-propriété même réduite à la forme modeste de fiction doit donc être rejetée.

Nous avons dit que c'était la loi qui créait le droit de réduction au profit du réservataire dans l'article 921. Il nous faut rechercher maintenant à quelle époque ce droit prend naissance. Naît-il avec le réservataire lui-même ? L'article 920 nous dit que la réduction aura lieu lors de l'ouverture de la succession, c'est-à-dire reporte à cette époque l'exercice du droit. Donc, lors même que les donataires entre vifs seraient sur le point de devenir insolvables, aucune action ne pourrait appartenir aux futurs réservataires pour faire réduire le

montant des donations. Il faut aller plus loin et
décider avec M. Demolombe que les réservataires n'ont pas même le droit de faire des
actes conservatoires. En effet, ce n'est pas
seulement l'exercice complet du droit de réduction que nous refusons de reporter plus loin
que la mort du débiteur de la réserve, c'est la
naissance du droit lui-même. Car nous verrons
que le droit de demander la réduction n'est
qu'une annexe d'un autre droit, le droit de succession *ab intestat* dont il ne peut être question
que du jour du décès du *de cujus*. Toutefois,
après avoir énergiquement appuyé ce principe,
M. Demolombe y apporte des atténuations. Il
suppose un disposant ruiné et sur le point de
mourir ; un donataire d'immeubles ruiné lui-
même, abattant les bois, démolissant les mai-
sons pour en faire de l'argent que l'action en
réduction serait impuissante à lui enlever (1).

M. Demolombe incline à penser que les ma-
gistrats pourront, dans ce cas, ordonner des
mesures conservatoires. Pourtant, si l'on admet que la réserve est la succession *ab intestat*
réservée ; comme *nulla est virentis hereditas*, on
doit dire, je crois, que le droit n'étant pas né,

---

(1) Demolombe, Donations et testaments, T. II, n° 201.

.il ne peut être fait aucun acte en fraude de ce droit.

Le droit de demander la réduction est un droit dont la loi investit les réservataires au moment de l'ouverture de la succession. Ce droit, ils ne l'ont pas en tant qu'héritiers, puisque le *de cujus* ne l'avait pas ; mais la loi le leur accorde parce qu'ils sont héritiers, et afin de leur permettre d'exercer leurs droits héréditaires sur les biens déclarés indisponibles à leur profit, et qui, à leur égard au moins, rentrent dans la succession par l'effet de la réduction.

Ceci nous amène à traiter la grande question sur le point de savoir s'il est nécessaire d'être héritier pour pouvoir intenter l'action en réduction. M. Demolombe dit oui, M. Troplong dit non. Pour ma part, je suis de l'avis de M. Demolombe, et voici pour quelles raisons :

« Ce n'est que par voie de conséquence, dit M. Demolombe, et en quelque sorte *forma negandi* que la réserve se trouve corrélativement et tacitement déterminée. » La loi n'a pas établi pour cette réserve, dont elle ne parle pour ainsi dire pas, un mode spécial de transmission ; elle n'a même pas dit à qui elle appartiendrait. Pourtant nous n'hésitons pas à dire que ce sera aux descendants et aux ascendants. Pour répondre ainsi, nous nous fondons sur la loi de

succession *ab intestat*, puisque les descendants
et les ascendants n'ont pas d'autre vocation. Le
législateur n'a déterminé aucun mode de transmission ou de répartition de la réserve, ce qui
prouve bien qu'il se référait à des règles éta-
blies ailleurs. Qu'on ne vienne donc pas nous
dire que c'est en leur qualité de descendants ou
d'ascendants que les réservataires ont droit à
la réserve ; cette idée vraie à Rome et dans les
pays de Droit Écrit, ne l'est plus de nos jours.
D'ailleurs, pour la soutenir encore, il faudrait
au moins un texte, et ce texte ne se trouve nulle
part. Les articles 711 et 712 indiquent les
modes de transférer la propriété, et nous n'y
voyons pas que la seule qualité de descendant
ou d'ascendant soit un de ces modes. Voilà le
système de M. Demolombe ; c'est aussi celui de
la jurisprudence. Voyons maintenant comment
raisonne M. Troplong.

Quand il n'y a rien dans la succession, faut-
il nécessairement être héritier pour pouvoir intenter l'action en réduction ? M. Troplong prétend que quiconque essaierait de plier le Code
à un système absolu et tout d'une pièce lui
ferait subir la torture; il faut donc faire des
emprunts tantôt au Droit romain, tantôt au
Droit coutumier. Exposons l'argumentation de
M. Troplong.

La question de savoir si le réservataire, pour pouvoir intenter l'action en réduction, doit être héritier, fut traitée devant le Conseil d'Etat, et les avis se partagèrent. MM. Réal, Emmery, Muraire et Berlier soutinrent que les héritiers ne pouvaient faire usage de l'action en réduction sans se porter héritiers (1) ; ils en concluaient que les biens ainsi rentrés par réduction étaient une portion de la succession, et, comme tels, soumis à l'action des créanciers héréditaires. Mais M. Maleville et le consul Cambacérès (2) soutinrent que la qualité de légitimaire ne supposait pas nécessairement la qualité d'héritier. Pour concilier ces opinions adverses, M. Treilhard intervint, et, tout en se prononçant pour l'opinion qui n'admettait pas les créanciers héréditaires à profiter de la réduction, il concluait ainsi : « Sans examiner si le légitimaire est héritier ou non, il est sage de décider que l'action en réduction ne profitera qu'à lui seul. » Le Conseil d'Etat ne fut pas de cet avis, et, adoptant l'opinion de M. Réal, il décida que les créanciers pourraient exercer leur action sur les biens rendus au réservataire par la réduc-

(1) Fenet, T. XII, pages 337. 340, 342 et 343.
(2) Fenet, T. XII. pages 345 et 346.

tion. Mais le Tribunat intervint, et ici commence une seconde phase de la discussion. Le Tribunat émet l'opinion que l'action en réduction est un droit purement personnel, qui est réclamé par l'individu comme enfant et abstraction faite de la qualité d'héritier, qu'il peut prendre ou non. Le Conseil d'Etat revient sur sa décision, adopte l'opinion du Tribunat, et les tribuns Jaubert et Favart peuvent déclarer que ce n'est pas comme héritiers que les réservataires demandent le retranchement (1). Après avoir ainsi expliqué historiquement la question, M. Troplong justifie son système au point de vue du droit. Non, dit-il, ce ne peut être comme héritiers continuateurs de la personne du défunt, qu'ils viennent porter atteinte à des donations émanées du défunt. « Les enfants étaient représentés par le père, dans tout ce que la loi, la bonne foi envers les tiers et les nécessités du commerce autorisent ; ils sont donc tenus de ses actes. Mais ils ne le représentent pas, lorsque, contre sa volonté, ils recherchent et reconstituent cette réserve qui, *ab initio*, leur était commune avec lui, et qu'il a annulée ou amoindrie par ses libéralités inofficieuses. Ils agissent alors *jure proprio*,

---

(1) Fenet. T. XII. pages 593 et 634

jure sanguinis, jure naturali (1) ». De tout ceci,
que conclut M. Troplong? Va-t-il jusqu'à dire
que l'enfant même renonçant peut intenter
l'action en réduction? Ce serait logique, et
pourtant il semble que M. Troplong n'ose pas
aller jusque-là. Abstenez-vous, dit-il aux réservataires, n'acceptez ni ne renoncez!
M. Troplong ne peut aller si loin, parce que
cette opinion est formellement rejetée par l'un
des conseillers d'Etat sur lesquels il s'appuie.
M. Maleville (2) disait au Conseil d'Etat.
« Sans doute, le légitimaire qui aurait répudié
l'hérédité de son père ne serait pas reçu à quereller les donations, parce que les donataires
lui diraient que, s'il ne l'avait pas répudié, il
aurait pu trouver dans la succession sa légitime. » Je trouve, pour ma part, la raison bien
peu probante, car il y a nombre de cas où il
est évident, ou du moins facile à démontrer,
que le défunt n'a rien laissé du tout, ou, ce
qui revient au même, a laissé un passif au
moins égal à son actif. De plus, si les donataires peuvent dire au légitimaire qu'en ne
renonçant pas il aurait pu trouver sa légitime
dans la succession, il est clair qu'ils peuvent

(1) *Traité des donations et testaments*, de M. Troplong, T. II, nº 921.
(2) Fenet, T. XII, p. 345.

en dire tout autant à l'héritier qui s'abstient. Dans le système que nous exposons, ce qui serait logique, ce serait donc de permettre au réservataire renonçant d'exercer l'action en réduction. La Cour de Bordeaux a été jusque-là (1). Mais alors, toutes nos idées sur la réserve sont renversées. M. Gabriel Demante a donc eu raison de dire : « Depuis la rédaction de l'art. 921 C., la réclamation de la réserve par voie d'action, de la part du dénonçant, est tout simplement un non-sens. »

Après avoir exposé le système de M. Troplong, nous allons tâcher de démontrer que le système contraire est bien préférable. Voyons d'abord l'ancien Droit.

Dans l'ancien Droit, Dumoulin avait posé la règle : « *Non habet legitimam, nisi qui heres est.* » L'opinion de Dumoulin avait été admise par la grande majorité des auteurs coutumiers, et la jurisprudence, après l'avoir, le même jour (2), soutenue et combattue, avait fini par s'y rallier. Mais cette règle, une fois posée, avait fait naître une grosse difficulté : les héritiers héréditaires pourront-ils profiter du retranchement? Chacun, sauf peut-être Dumou-

---

(1) Bordeaux, 13 mai 1840. Rivezac, D. 1841. T. II, p. 247.
(2) Arrêts du Parlement de Paris du 3 décembre 1642.

lin, voulait leur empêcher de profiter du
rétranchement; mais comment arriver à ce
résultat? Les jurisconsultes étaient bien loin
d'être d'accord. Guy Coquille permettait au
légitimaire de se dire héritier pour sa légitime
seulement. Ricard tâchait de conjurer le
danger à l'aide d'un remède illusoire, le bénéfice d'inventaire. Lebrun n'admet le système
de Ricard que quand il n'y a point de biens
dans la succession. On ne voit pas trop bien
quelle importance peut avoir cette circonstance
que la succession est insolvable; en somme,
aucun de ces jurisconsultes n'avait trouvé la
solution exacte. C'est l'honneur de Pothier
d'avoir écarté toutes ces subtilités et toutes ces
inconséquences, pour donner la vraie et juridique solution : « On peut dire que ces choses
retranchées ne sont pas de la succession, puisque le donateur s'en était dessaisi de son vivant;
qu'encore bien que le droit qu'a l'héritier
d'obtenir ce retranchement, fut attaché à sa
qualité d'héritier, néanmoins, ce n'est pas un
droit qu'il tienne du défunt, et auquel il ait
succédé au défunt, puisque le défunt ne l'a
jamais eu; il ne le tient donc pas du défunt ni
de la succession, mais de la loi. Ces choses
retranchées ne font donc pas partie de la succession. » Ainsi s'exprime Pothier à son traité
de donations entre vifs.

Reprenons maintenant l'historique de la discussion au sein du Conseil d'Etat et du Tribunat, et voyons si cette discussion n'a pas été présentée d'une façon inexacte. Tout d'abord, il est bien certain que, dans la séance du 5 ventôse de l'an XI, séance dans laquelle fut adoptée la rédaction remaniée plus tard, sur les observations du Tribunat, le Conseil d'Etat n'adopta nullement l'idée formulée par M. Maleville ; il la repoussa si énergiquement qu'en admettant que, pour prétendre à la réserve, il fallait être héritier, il fit produire au principe ses conséquences les plus rigoureuses. Le projet fut critiqué par le Tribunat, qui, adoptant l'opinion de M. Maleville, proposa la rédaction que l'on sait, et alors la question revint une seconde fois devant le Conseil d'Etat, à la séance du 24 germinal de l'an XI. M. Bigot–Préameneu exposa la modification proposée par le Tribunat, et alors M. Tronchet prit la parole. Il déclara qu'absent lors de la séance où la première rédaction avait été adoptée, il avait été dans l'impossibilité de la combattre. Il se range donc à l'opinion du Tribunat, qu'il croit conforme aux principes. Le système de M. Troplong semble triompher ! Il n'en est rien. M. Tronchet donne les motifs qui lui font adopter les modifications du Tribunat, mais

des arguments produits par ce corps, il n'en
est plus question. L'orateur n'invoque pas la
raison que l'action en réduction est un droit
purement personnel, réclamé par le réservataire comme enfant.

Il déclare que les créanciers ne peuvent profiter de la réduction, parce que le droit de la
demander est un bénéfice introduit au profit du
réservataire et nullement en leur faveur. Quand
une disposition prohibitive, dit-il, « n'est relative qu'à un intérêt particulier, ce serait s'écar-
ter du but de la loi que d'en donner le bénéfice
à une autre personne que celle en faveur de
laquelle la loi l'a établie. » Le Code, dit
M. Tronchet, rend hommage à ce principe
« dans le titre des successions, où on a décidé
que le rapport profitait aux héritiers seulement
et non aux créanciers. » A la suite de ce dis-
cours la proposition du Tribunat fut adoptée.
Si M. Tronchet eut admis les motifs du Tribunat on ne voit pas pourquoi il aurait invoqué
ces nouveaux arguments qui eussent été parfaitement inutiles (1). Les mêmes motifs furent
exposés par Bigot-Préameneu dans l'exposé des
motifs au Corps législatif à la séance du 2 flo-

_____

(1) Locré, Législation civile T. XI p. 337 et 338.

réal an XI. Au fond la principale, on peut même dire la seule préoccupation des jurisconsultes qui préparaient la loi était de soustraire à la poursuite des créanciers les biens rentrés au patrimoine du défunt par l'effet de la réduction ; mais comme M. Maleville ne donnait satisfaction à ce sentiment qu'aux dépens de la vérité juridique ; le Conseil d'Etat aima mieux sacrifier les réservataires qu'abandonner les vrais principes. Une nouvelle rédaction est proposée par le Tribunat ; c'est alors que Tronchet entre en lice, et tous ces praticiens satisfaits d'avoir enfin rencontré la vraie raison juridique, la raison de Pothier et de l'ancienne jurisprudence coutumière écartèrent les créanciers, donnant ainsi satisfaction à leur désir le plus vif et aux vrais principes du droit. Car enfin si la réserve est la succession *ab intestat* indisponible, si la loi ne l'accorde qu'aux réservataires considérés comme héritiers, et parce qu'ils sont héritiers, il serait étrange que la réduction étant un moyen d'obtenir la réserve fut accordée à d'autres que ceux qui ont droit à la réserve. Et comme le dit très justement M. Demolombe, « on ne comprendrait pas que la réserve fut dedans, tandis que l'action en réduction serait dehors. » Mais, dit M. Troplong, comment peut-on admettre que la réserve qui a pour but de faire tomber des donations inattaquables par le donateur appartienne aux réservataires en qualité d'héritiers, quand cette qualité d'héritiers devrait avoir au contraire pour effet de les empêcher d'attaquer ces donations. N'équivoquons pas. Nous n'avons jamais dit que les réservataires tenaient leur droit de demander la réduction du défunt, ce qu'on semble nous faire dire ; tout au contraire, nous déclarons hautement avec Pothier qu'ils tiennent ce droit de la loi ; mais la loi ne leur accorde que parce qu'ils son héritiers et à la condition qu'ils acceptent la succession. Cette action a pour but de leur permettre de faire rentrer les biens atteints par la réduction dans la succession, et, cela fait, d'exercer sur ces biens leur droit de succession *ab intestat*. Est-ce donc à l'aide d'un titre distinct de sa qualité d'héritier, qu'un individu réclame le rapport ? Non, et pourtant ce Droit il ne l'a pas trouvé dans la succession du défunt ; mais là encore l'héritier fait d'abord opérer le rapport, et puis il en profite en qualité d'héritier. Mais, dit-on, les créanciers héréditaires ne peuvent se faire payer sur ces biens ! Ceci est une toute autre question que nous examinerons plus tard.

DEUXIÈME PARTIE

Organisation de la réduction.

Nous diviserons nos études sur cette seconde partie en quatre paragraphes. Dans un premier paragraphe nous rechercherons quelles personnes peuvent demander la réduction, quelles personnes peuvent en profiter. Dans un second paragraphe nous examinerons comment se fait la vérification du point de savoir si la réserve a été entamée. Dans un troisième paragraphe nous indiquerons dans quel ordre les libéralités peuvent être attaquées. Enfin, un quatrième et dernier paragraphe traitera des effets de la réduction.

§ I. — QUELLES PERSONNES PEUVENT DEMANDER LA RÉDUCTION ?

La réponse à cette question est à l'art. 921 :
La réduction des dispositions entre vifs ne

pourra être demandée que par ceux au profit desquels la loi fait la réserve, par leurs héritiers ou ayant cause : Les donataires, les légataires, ni les créanciers du défunt ne pourront demander cette réduction ni en profiter. Ce texte indique quatre catégories de personnes dont deux peuvent demander la réduction et dont deux ne le peuvent pas. Peuvent demander la réduction : 1° les réservataires ; 2° leurs ayant-cause. Ne peuvent ni demander la réduction, ni en profiter : 1° les créanciers du défunt ; 2° les donataires et légataires.

Nous disons donc que les réservataires peuvent demander la réduction, et, à ce propos, nous rappelons qu'en ce faisant ils n'agissent pas du fait de leur auteur, mais en vertu d'un droit propre que leur confère la loi, pour ne pas rendre illusoire leur droit de réserve. L'héritier réservataire étant investi d'un droit propre, n'est pas lié par les actes de son auteur qui auraient pour but de porter atteinte à sa réserve. C'est ce qu'à décidé un arrêt de rejet du 20 juillet 1868. Une donation avait été faite qui excédait la quotité disponible. Plus tard, le donataire vendit le bien et le donateur intervint à la vente pour la ratifier ; il promit, pour lui et ses ayant cause et héritiers, de garantir l'acquéreur de tous troubles et évictions. Il re-

nonça, en faveur de celui-ci, à tous droits de
révocation ou de réduction de la donation.
Quand les héritiers à réserve du donateur voulurent faire réduire la donation, l'acquéreur
leur opposa la maxime : « *Quem de evictione
tenet actio, eumdem agentem repellit excep-
tio.* » Mais la Cour de Cassation (1) décida que
les réservataires exerçaient un droit qui leur
était propre et ne pouvaient en conséquence
être repoussés par la maxime invoquée par le
défendeur.

On sait que les proches auxquels la loi accorde une réserve sont les descendants et les
ascendants ; on s'accorde généralement à donner une réserve aux enfants naturels; eux aussi
auront donc l'action en réduction. Mais une
question plus délicate a trait aux enfants adoptifs. Personne ne refuse une réserve à l'enfant
adoptif ; on s'accorde même, le seul dissident
est, je crois, M. Delvincourt, pour ne pas limi-
ter la masse sur laquelle on calcule cette réserve, aux seuls biens que l'adoptant laisse à
son décès.

Mais une sérieuse controverse existe sur le
point de savoir s'il faut distinguer entre les donations antérieures et les donations postérieu-

(1) Cassation. Rej. 20 juillet 1868. Casabianca, 1868, 1, 362.

res à l'adoption. Une opinion prétend que les
donations antérieures ne sont pas soumises à
l'action en réduction, car nul ne peut par son
fait personnel, révoquer ou diminuer les droits
qu'il a concédés à des tiers. Une seconde opinion qui me paraît mieux justifiée dit que
l'art. 350 ne distinguant pas, il ne faut pas
distinguer plus que lui. L'enfant adoptif étant
quant à la succession de son père adoptif sur le
même pied qu'un enfant né dans le mariage,
doit avoir la même réserve que lui, puisque la
réserve est la succession *ab intestat* réservée.
Quant à l'objection tirée du prétendu danger
que l'adoption pourrait n'être qu'un moyen
frauduleux de porter atteinte aux donations
antérieures, il est facile d'y répondre en disant
que l'adoption est précédée d'assez d'épreuves
et de formalités pour que les donataires antérieurs n'aient rien à craindre.

En cas d'envoi en possession des biens d'un
absent, ses enfants ou ses ascendants peuvent-
ils faire réduire les donations faites par cet
absent? La question doit être résolue à l'aide
de distinctions. Supposons que le donataire est
un étranger et que les héritiers viennent d'être
envoyés en possession provisoire. Actionné en
réduction, ce donataire répondra : vous n'êtes
envoyé en possession que des biens qui appar-

tenaient à l'absent au jour de sa disparition ou
de ses dernières nouvelles ; vous n'avez l'exercice que des droits qu'il avait lui-même ; vous
n'êtes que des administrateurs comptables de
la fortune de l'absent. Le donataire aura raison
de répondre ainsi, car il ne doit pas souffrir de
la disparition peut-être volontaire ou frauduleuse de l'absent ; tant qu'on ne lui prouve pas
la mort du donateur, on ne peut faire réduire
la donation qu'il a reçue. Supposons maintenant que l'époque de l'envoi en possession définitif arrive, le donataire pourra-t-il encore
continuer son raisonnement qui lui a si bien
réussi jusqu'ici ? Au premier abord il le semble, pourtant il faut bien que l'on arrive à permettre aux enfants d'obtenir leur réserve quand
il s'est écoulé trente ans depuis l'envoi en provisoire ou cent ans depuis la naissance de leur
père. L'ancien droit permettait après cent ans
d'intenter l'action en retranchement ; le Code
serait-il donc moins favorable aux réservataires ? Nullement. Au moment ou l'envoi provisoire peut être prononcé, il dépend de l'époux
présent de l'empêcher, et la même faculté
n'existe plus, lorsque l'époque de l'envoi définitif est arrivée. Ce simple rapprochement nous
indique l'esprit de la loi ; à savoir que c'est
l'envoi définitif et non l'envoi provisoire qui

donne ouverture aux actions que la succession véritable ouvrirait contre les tiers. Supposons maintenant que le donataire est un réservataire ; s'il n'invoque pas son titre d'héritier à l'effet d'obtenir l'envoi provisoire, s'il ne réclame rien sur les biens que l'absent possédait au jour de sa disparition, nous serons bien forcés de le traiter comme un étranger. Mais s'il demande à être envoyé en possession provisoire, il serait mal venu de prétendre que pour lui, la mort de l'absent n'est pas prouvée ; on lui répondrait qu'il ne peut invoquer la présomption de mort d'un côté et de la répudier de l'autre.

Une difficulté très sérieuse existe au cas de partage d'ascendant, pour savoir si dans une hypothèse donnée, l'enfant copartagé et qui croit avoir à se plaindre, a une action en réduction. La difficulté roule sur l'interprétation de la seconde partie de l'art. 1079 : « Le partage pourra aussi être attaqué dans le cas où il résulterait du partage et des dispositions faites par préciput, que l'un des copartagés aurait un avantage plus grand que la loi ne le permet. » Faisons une hypothèse : un père de famille a trois enfants et une fortune de 64,000 fr. ; le disponible est de 16,000 fr., et la réserve de 48,000 fr., ce qui fait pour chaque enfant une réserve de 16,000 fr. Le père a donné par préciput à Primus le disponible ; il a ensuite partagé la réserve d'une telle façon, que sur cette réserve Primus a reçu 18,000 fr., Secundus 17,000 fr. et Tertius 13,000 fr. Il y a ceci de particulier que Primus qui reçoit 16,000 fr. à titre de préciput a en tout 34,000 fr., tandis que sa réserve cumulée avec le disponible ne devrait former qu'un total de 32,000 fr. Primus, outre le disponible bénéficie donc patiellement d'une part de la réserve de Tertius. Tertius pourra se plaindre. Remarquons bien que le droit pour Tertius de se plaindre, provient de ce que Primus a plus que le disponible et sa réserve cumulés, et nullement de ce que Tertius a moins que sa réserve. Si Primus n'avait eu dans le partage que 16,000 fr., Secundus en ayant 19,000 et Tertius 13,000, ce dernier ne pourrait pas se plaindre. Nous ne serions pas, en effet, dans les termes de la première partie de l'art. 1079 puisque Tertius ne serait pas lésé de plus du quart, ni dans les termes de la seconde partie puisque Primus n'aurait que 32,000 fr. — Ceci bien posé, la question est de savoir si Tertius a une action en rescision du partage, ou une action en réduction. Les conséquences varient suivant le parti que l'on prend. Si l'article a établi une action en réduc-

tion, Tertius ne pourra que s'adresser à Primus
et faire réduire sa part de 2,000 fr.; cela por-
tera la part de Tertius a 15,000 fr., et Secundus bénificiera encore de 1,000 fr. pris sur la
réserve de Tertius. Il ne peut en effet être question de faire réduire Secundus; ni de l'attaquer
par l'action en rescision pour lésion de plus du
quart. Si au contraire nous voyons là une action
en rescision, le partage tombera aussi bien à
l'égard de Secundus qu'à l'égard de Primus.
Grâce à la rescision, Tertius pourra dans un
partage équitable retrouver sont lot de 16,000
francs; toutefois les deux autres co-partageants
pourront empêcher la rescision en désintéres-
sant Tertius. Si c'est une action en rescision
elle ne durera que dix ans, tout au moins si
le partage est entre vifs; si c'est une action en
réduction elle durera trente ans. Il y a donc
grand intérêt à savoir s'il s'agit ici de réduction,
ou si nous sommes en présence d'un cas de
rescision.

Selon nous il y a là une action en rescision;
le texte est pour nous, puisqu'il nous dit que
le partage pourra être attaqué.

De plus, le fondement de l'action n'est pas
l'atteinte à la réserve, c'est la lésion, parce que
cette lésion se produit dans des circonstances
qui font présumer la fraude. Il résulte, en effet,

des travaux préparatoires (1) qu'on avait d'a-
bord proposé que le père ne pourrait faire aucun partage d'ascendants s'il faisait en même
temps une disposition préciputaire ; cela fut
trouvé trop dur et alors on se contenta de décider que dans notre espèce le partage pourrait
être rescindé pour la plus petite lésion. Si la loi
n'avait rien dit, le copartagé n'aurait pu intenter ni l'action en réduction parce que la libéralité par préciput n'excède pas le disponible, ni
l'action en réduction, parce qu'il n'y a pas de
lésion du plus du quart. Le législateur voulant
toutefois venir au secours du copartagé sacrifié,
a décidé que la lésion la plus minime suffirait.
On exige une lésion de plus du quart dans la
première partie de l'art. 1079, parce qu'on n'a
pas de motifs pour se méfier de l'ascendant, et
qu'on ne veut pas, pour une erreur involontaire
et qui eût pu aussi bien être commise par les
enfants copartagés eux-mêmes, annuler un
partage. Mais quand, un des enfants ayant été
gratifié du disponible, il se trouve en même
temps que cet enfant a, dans le partage, reçu
plus que sa réserve, alors le législateur a le
droit de supposer que ce résultat est volontaire

---

(1) Locré législation civile. T. xi, p. 245.

qu'il y a fraude ; et il permet au réservataire, qui n'a pas sa part de faire annuler le partage. « Si la quotité disponible, dit M. Demolombe, est dépassée, ce n'est point par une donation ou par un legs, c'est par un acte de partage, c'est-à-dire par un acte qui n'a pas entre les enfants le caractère d'une disposition à titre gratuit ; et puisque c'est le partage qui cause la lésion, c'est le partage qu'il faut attaquer, c'est-à-dire l'opération toute entière dont les combinaisons indivisibles forment un seul tout, qu'on ne saurait valider en partie et annuler en partie. » Nous devons reconnaître que la jurisprudence n'est pas de notre avis ; mais nous relevons dans un arrêt de la cour de cassation du 1er mai 1860 cette décision que l'action établie par la seconde partie de l'art. 1079, bien qu'étant une action en réduction se prescrit par dix ans ; la Cour se fonde sur ce que ces deux actions sont réunies dans une disposition unique, sont de la même nature, tendent au même but, et doivent produire un résultat analogue. N'est-il pas beaucoup plus simple de dire qu'il n'y a là qu'une seule et même action ? (1).

Un héritier à réserve qui a renoncé, peut-il ensuite, en rétractant sa renonciation, agir en

_____

(1) M. Demolonbe T. 23 nos 189 et s.

réduction, soit contre les donataires, soit contre
les tiers acquéreurs, auxquels les donataires
auraient transmis les immeubles, qui faisaient
l'objet de la donation excessive ? Je crois qu'il
le peut, en d'autres termes, je crois que les personnes dont je viens de parler ne peuvent invoquer l'art. 790 qui maintient les droits acquis
soit par prescription, soit par actes valablement
faits avec le curateur à la succession vacante.
Les termes que nous venons d'employer sont
ceux de l'article qui, par conséquent, ne vise
pas les donataires. D'ailleurs les situations ne
se ressemblent pas. Quand un acquéreur qui a
traité avec le curatenr oppose à la réclamation
de l'héritier l'art. 790, qu'invoque-t-il ? Il invoque son titre d'acquisition que ne peut inva-
lider la rétractation de la renonciation ; sur quoi
s'appuie le donataire qui se refuse à réduction ?
Il s'appuie sur la renonciation ; mais cette renonciation est rétractée ! Elle ne peut servir de
base à un droit. D'ailleurs, les raisons qui font
accorder une protection aux personnes énon-
cées à l'art. 790, ne militent pas en faveur des
donataires. Quand une succession est vacante,
l'intérêt général, l'utilité sociale veulent que
cette succession soit administrée, et, pour que
l'administration soit efficace, il faut que les actes
valablement faits par le curateur soient à l'abri

des recherches de l'héritier qui rétracte sa renonciation. S'il s'agit d'un droit acquis par prescription, l'acquéreur de ce droit doit encore être protégé, parce qu'il n'est pas du tout certain que l'héritier acceptant n'eût pas laissé accomplir la prescription. D'ailleurs, le curateur ayant laissé accomplir la prescription, c'est en quelque sorte respecter un de ses actes que respecter la prescription accomplie par suite de son inaction. Ici il n'en est plus de même, puisque le curateur ne pouvait intenter l'action en réduction. Si au lieu de renoncer, puis de rétracter sa renonciation, le réservataire eût accepté d'emblée, le donataire eût été réduit un peu plus tôt, et voilà tout. Il n'a donc aucun motif de se plaindre des tergiversations de l'héritier. La question s'est présentée en jurisprudence et elle a été résolue en un sens opposé à celui que nous adoptons. Par arrêt du 28 mai 1831, la Cour de Montpellier a décidé que l'héritier qui, après avoir renoncé, rétracte sa renonciation et accepte la succession, ne peut demander la réduction des dons ou legs faits par le défunt et revendiquer les biens excédant la quotité disponible. Les biens formant l'objet de la donation réductible avaient été aliénés par le donataire, et les poursuites étaient dirigées contre les détenteurs de ces biens, et c'étaient

ces détenteurs que la Cour voulait mettre hors
de cause. Pour cela, on ne trouva pas d'autre
moyen que de permettre aux donataires et à
leurs ayant cause d'invoquer l'art. 790. Cette
préocupation se traduit dans une phrase de
l'arrêt où la Cour est bien moins affirmative à
l'égard des donataires qu'à l'égard des acquéreurs : « La rétractation tardive n'a pu leur
donner d'autre droit que de reprendre la succession dans l'état où elle se trouvait alors, et
n'a pu rétroagir *surtout vis à vis des tiers* qui
n'avaient traité avec le donataire que sur la foi
de la répudiation (1). » Il est certain qu'on ne
peut pas donner pour les donataires une décision différente de celle qu'on donne pour leurs
ayant cause.

Faisons remarquer que, si dans l'art. 921, il
n'est pas question de la réduction des libéralités testamentaires, cela tient uniquement à ce
que cet article a été rédigé surtout en vue des
créanciers du défunt et pour leur enlever le
droit de profiter de la réduction. Mais il est de
toute évidence que le législateur ne pouvait
leur refuser le droit de se faire payer sur les
biens existants dans le patrimoine de leur dé-

---

(1) Montpellier, 28 mai 1831. Aybram Charrot. Dev. 1831, II, 217.

biteur ; car, enfin, *nemo liberalis nisi libera-*
tus. C'est la seule raison qui a empêché de
parler de la réduction des libéralités testamentaires.

L'action en réduction appartient encore aux
ayant cause et héritiers du réservataire, ce qui
comprend ses héritiers testamentaires ou *ab in-*
testat, ses successeurs irréguliers, les créanciers, et enfin les donataires, légataires ou acquéreurs de son droit de réserve. Ces ayant
cause n'ont pas seulement le droit de profiter
de la réduction, ils peuvent l'exercer. Nous
avons ici une application de l'art. 1166, qui
décide que les créanciers peuvent exercer tous
les droits et actions de leur débiteur, à l'exclusion de ceux qui sont exclusivement attachés à
la personne. Cette règle est très-claire, et il ne
serait pas nécessaire d'en dire plus long, si son
application ne soulevait une difficulté considérable. Un père peut-il léguer à son enfant,
marié sous le régime de communauté légale,
sa réserve, composée de biens meubles, sous la
condition que cette réserve ne tombera pas
dans la communauté ? Le prémourant de deux
conjoints institue son enfant mineur légataire
universel, sous la condition que le survivant
n'aura pas l'usufruit de ses biens. Cette condition est-elle valable, même quant à la réserve ?

Je crois, avec MM. Demolombe et Vernet, que
l'on doit regarder comme nulle toute disposition par laquelle le défunt aurait voulu régler
les conséquences de l'entrée des biens réservés
dans le patrimoine de l'héritier.

Pour un cas spécial, le Code s'est expliqué
formellement : le père ne peut point frapper
d'insaisissabilité la réserve de son enfant.
Quand un étranger fait une donation ou un
legs, comme il était libre de ne pas donner, de
ne pas léguer, il peut affecter de la modalité
qui lui plaît la libéralité qu'il fait. Mais, si le
légataire est un héritier à réserve du testateur,
la raison indiquée plus haut ne s'applique plus,
et la réserve ne peut être léguée avec clause
d'insaisissabilité. C'est ce que nous apprend
l'art. 581 du Code de procédure. Sans doute,
quand un débiteur est talonné par ses créanciers, la clause d'insaisissabilité lui est avanta-
geuse, mais il n'en est pas moins vrai que le
débiteur qui, en contractant une obligation, a
engagé à son créancier ses biens présents et à
venir, n'a pas eu, à l'égard des choses décla-
rées insaisissables, le pouvoir qui résulte du
droit commun de la propriété. Si la réserve
pouvait être déclarée insaisissable, le réservataire n'aurait pu donner à ses créanciers une
sûreté aussi complète qu'il le peut avec l'art.

581 Pr. Donc c'est une restriction ou droit de pleine et libre disposition, et cette restriction empêcherait le réservataire d'avoir sa réserve toute entière. Le législateur n'a prévu expressément que ce cas ; mais nous allons voir que les raisons qui expliquent l'art. 581 Pr. se rencontrent pour faire admettre une solution semblable dans les cas que nous avons indiqués.

Prenons la première hypothèse. Il nous semble certain que la condition apposée au legs de réserve doit être considérée comme nulle. En effet, le réservataire doit avoir sa réserve intacte, libre entre ses mains, et l'attribution de cette réserve ne doit pas être soumise à des conditions qui, pour lui, en diminueraient la valeur. Quand le *de cujus* a mis comme condition de sa libéralité que les biens qu'il attribuait à son héritier réservataire ne tomberaient pas en communauté, il a bouleversé toutes les prévisions de celui-ci, tous les engagements pécuniaires qu'il avait pris avec son conjoint. Il avait été convenu, lors du mariage, que tous les biens meubles échéant à l'un des époux tomberaient en communauté, et voilà que le mari se trouve, par le fait de son père, dans l'impossibilité de remplir ses engagements relativement à des biens qu'il avait certainement en vue en contractant mariage. Et qu'on

ne croie pas que le *de cujus* peut facilement
remédier à cela ; le mal est irréparable. Quand
même. il essaierait, à l'aide d'un testament ou
d'une donation de réparer le tort que la condition apposée à la libéralité fait subir à sa
femme, il ne le·pourrait pas ; car il ne pourrait
donner à ce testament ou à cette donation le
caractère d'irrévocabilité qui appartient aux
donations matrimoniales ; il ne pourrait se
mettre en garde contre les propres variations
de sa volonté. La condition que les biens ne
tomberont pas en communauté, tout en parais-
sant avantager le réservataire, le lèse néanmoins dans l'un de ses droits les plus précieux,
celui de tenir ses engagements. Je dis donc
qu'elle est une atteinte à l'intégrité de la réserve, qui doit arriver aux mains du réservataire pure de toute modalité qui en diminue-
rait l'émolument.

Voyons maintenant la seconde espèce. Nous
supposons un père, que nous appellerons
Pierre, sa femme Marie et leur enfant unique
Paul. Pierre lègue sa fortune à Paul, sous la
condition que Marie n'en aura pas la jouissance. Cette clause est-elle valable quant à la
jouissance ? Je ne le crois pas, et, pour l'établir, il me suffira de faire un raisonnement
analogue à celui que j'ai fait pour le cas pré-

cédent. L'usufruit légal dont sont atteints les biens du mineur de dix-huit ans constitue sans doute une obligation pour eux ; mais il consti- tue aussi un droit, le droit de faire participer le survivant des père et mère à leur aisance. Sup- posons que Marie est dans une mauvaise situa- tion de fortune et que Pierre a laissé à son en- fant une succession opulente. Croit-on que Paul, quand il sera arrivé à l'âge de discerne- ment, saura bon gré à son père de la clause dont celui-ci a affecté sa libéralité ? Croit-on que ses sentiments les plus purs et les plus na- turels ne seront pas froissés, quand il se verra à la tête d'un riche patrimoine et dans l'impos- sibilité d'en procurer, même pour partie, la jouissance à sa mère? Paul le réservataire se- rait ici le premier à demander la réduction, car il est dans l'impossibilité, à cause de son âge, d'apporter, par une libéralité, le moindre remède à la situation (1). — Je conclus donc en disant que la solution de l'art. 581 Pr. doit être généralisée.

Les créanciers de la succession ne peuvent ni demander la réduction, ni en profiter. La difficulté que tranche cette solution est fort an- cienne et avait vivement préoccupé nos anciens

_____

(1) Cassation, 11 nov. 1828. Sirey. xxx, 1, 78.

auteurs coutumiers. Nous savons qu'en pays coutumiers, la règle était que la légitime était une portion de la succession *ab intestat*; cette règle ne devait-elle pas entraîner comme conséquence que les biens obtenus par l'action en retranchement deviendraient le gage des créanciers héréditaires? Sans doute les jurisconsultes coutumiers variaient dans l'application de la solution qu'ils admettaient; mais tous, sauf, peut-être, Dumoulin, étaient d'accord pour dire qu'il fallait à tout prix empêcher les créanciers héréditaires de se faire payer sur les biens acquis à l'aide du retranchement. Pourtant cette solution universellement admise, malgré les difficultés d'explication qu'elle soulevait, faillit être repoussée par le Conseil d'Etat. Dans la séance un peu confuse du 5 ventôse an XI, séance dont nous avons déjà parlé, le Premier Consul prit en main les intérêts des créanciers (Locré. T. 10, pages 181 à 196). Il dit « que la légitime ne doit être fournie que sur les biens de la succession, et que ces biens ne peuvent être que ce qui reste après le payement des dettes » (page 182); il se plaint que la loi semble autoriser la fraude, en décidant que lorsqu'il y a dettes, les enfants conserveront une partie de la succession, sans néanmoins payer les créanciers (page 192);

« qu'il est contre les mœurs qu'un fils opulent ne paye point les dettes de son père »
(page 194). En vain, M. Treilhard déclara que la question prise dans ses termes les plus simples, se réduisait à savoir si la réduction avait lieu au profit des héritiers ou au profit des créanciers : « Si elle est établie, dit-il, en faveur des enfants, elle ne peut profiter qu'à eux; et elle existe si peu au profit des créanciers que s'il n'y a pas de légitimaires, ils ne peuvent exercer de recours contre le donataire »
(page 185). Tout fut vain et le Conseil d'Etat décida que les créanciers de la succession pourraient exercer leur action sur les biens que la réduction aurait rendus au légitimaire (page 196). Nous savons comment le Tribunat reprit la doctrine de Pothier en l'appuyant, il est vrai, sur un raisonnement mauvais, et comment M. Tronchet rétablit les vrais motifs de la doctrine soutenue par le Tribunat, et qui, en définitive, prévalut au Conseil d'Etat.

La solution qui donne l'article 921 est excellente. Les principes du droit et de l'équité veulent, en effet, que les créanciers héréditaires ne puissent profiter de la réduction obtenue par les héritiers à réserve. En effet, de deux choses l'une : ou bien les créanciers sont postérieurs à la donation, ou bien ils sont antérieurs. S'ils sont postérieurs, ils n'ont pu, en aucune façon, compter sur des biens déjà sortis du patrimoine de leur débiteur. S'ils sont antérieurs, ils auront le droit d'intenter l'action Paulienne, s'ils sont dans les conditions requises pour l'exercice de cette action. Mais le droit de demander la réduction étant un droit exceptionnel, et nullement introduit en leur faveur, il est de toute justice qu'ils ne puissent pas l'invoquer ; c'est par la même raison qu'ils ne peuvent, ni demander le rapport, ni en profiter. Au surplus, ainsi que l'a fait remarquer M. Treilhard, si l'héritier n'était pas réservataire, personne ne songerait à leur accorder une action en réduction. Pourquoi donc profiteraient-ils de cette circonstance, qui doit leur être indifférente, à savoir que l'héritier est un réservataire ?

Ajoutons que la solution de l'art. 921 cessera de s'appliquer si l'héritier réservataire accepte purement et simplement; car, alors, les créanciers de l'héritier pourront parfaitement, en tant qu'ayant cause de celui-ci, intenter l'action en réduction. Toutefois, il en serait autrement si, le réservataire acceptant purement et simplement, les créanciers héréditaires demandaient la séparation des patrimoines.

L'art. 921 ne parle pas seulement des créan-

ciers. Il dit encore que les donataires et légataires ne peuvent demander la réduction ni en
profiter. Cela est tellement évident qu'on ne
voit pas trop pourquoi les donataires et légataires, dont il n'a pas été dit un mot au cours
de la discussion, se trouvent dans notre article.
Toutefois, on a cherché à donner une utilité à
la mention des donataires et légataires ; nous
allons examiner les raisonnements qu'on a faits
pour atteindre ce but.

Un homme, ayant un enfant du premier lit,
se remarie. Il ne peut faire à sa seconde femme
une donation de plus du quart de son avoir. Supposons cet avoir de 80; il a donné 40 à sa femme,
20 à un étranger, et il laisse par conséquent
20 que son enfant recueille *ab intestat*, mais
qui ne le remplissent pas de sa réserve, puisque
sa réserve est de 40. Lorsque l'enfant s'adressera à ce donataire étranger, celui-ci pourra-
t-il le renvoyer auprès de la femme du *de
cujus*, qui détient une partie du patrimoine de
son mari plus grande que la loi ne le permet ?
Je le crois. Disons tout d'abord qu'il est choquant qu'une libéralité réductible ait, vis-à-vis
du disposant, les mêmes effets qu'une libéralité
irréductible ; il est choquant que le réservataire
puisse dire au donataire étranger que la quotité
disponible toute entière est absorbée par la

donation faite à la femme, et ensuite faire réduire cette même donation. Il est choquant que
le réservataire puisse ainsi cumuler, et sa
réserve ordinaire, et la moitié du disponible. Je
crois, de plus, que nous restons dans les termes
de la loi en permettant au donataire de renvoyer
le réservataire contre la femme donataire, première en date.

Ecartons d'abord l'objection qui consisterait
à dire que si l'on admet la solution que nous
proposons, le donataire demande la réduction
et en profite. C'est dans une seule phrase que
l'art. 921 nous dit que les donataires et créanciers ne peuvent ni demander la réduction ni
en profiter; les mots doivent donc avoir le
même sens et à l'égard des donataires et à
l'égard des créanciers. Or, pour un créancier,
demander la réduction, en profiter, ce serait
faire rentrer les biens sujets à réduction dans
le patrimoine du défunt, et ensuite se faire
payer sur ces biens; c'est le résultat qu'on a
voulu empêcher. Nous devons, par rapport aux
donataires, donner le même sens aux mots
« demander la réduction, en profiter. » Oh ! si,
par exemple, dans notre hypothèse, la donation
faite à la seconde femme avait compris 80, c'est
à dire tout l'avoir du disposant, nous compren-
drions qu'un légataire de 20 serait mal venu à

prétendre qu'il doit être payé de son legs sur
les 60 qui arriveront au réservataire par réduction. Mais ici le second donataire ne demande
pas plus la réduction, et n'en profite pas plus
que ne ferait un donataire qui renverrait le
réservataire à attaquer d'abord les donataires
postérieurs en date. Que fait donc le donataire?
simplement ceci : il prétend que la réserve n'a
pas été entamée, que le disponible n'a pas été
excédé. Sans doute le *de cujus* n'aurait pas pu
de son vivant faire réduire la donation faite à
sa femme, mais cela tient à ce que l'action en
réduction ne naît que sur la tête du réservataire.
Il n'en est pas moins vrai que le disponible
n'est pas épuisé, puisque dans le système que
nous combattons, le réservataire toucherait
60 quand sa réserve est de 40. — La théorie
que nous exposons et qui est celle de M. Demolombe (т. xix nº 214 et s.) de M. Vernet (p. p.
469 et 470) n'est pas admise par tout le monde.
Dans notre ancien droit, Pothier la repoussait,
et la Cour de Bordeaux l'a rejetée par arrêt du
2 avril 1851. On nous dit que le donataire va
avoir plus de droits que le disposant dont il est
l'ayant cause ; j'ai répondu par avance à cet
argument, en prouvant que le donataire qui
renvoie le réservataire réduire la donation faite
à la femme, ne demande pas la réduction. On

insiste et l'on nous dit que le réservataire n'est pas tenu d'imputer sur sa réserve ce qu'il obtient à l'aide du retranchement. « Ce que prend le légitimaire dans les biens retranchés de la donation faite au second mari ou à la seconde femme en vertu de l'Édit des secondes noces, dont il sera parlé ci-après, ne s'impute pas non plus sur la légitime ; car cet enfant les tient, non de la libéralité du défunt, mais du bénéfice de la loi. » (Pothier, traité des Don. entre vifs. sect. III. art. v. §§). A ceci je réponds qu'il n'est pas vrai de dire que l'enfant ne doit pas imputer sur sa réserve les biens retranchés, car alors il pourrait poursuivre les uns après les autres tous les donataires et faire annuler toutes les donations. — Quant à l'objection tirée de ce que la réduction doit commencer par le dernier donataire, je réponds que cette règle est établie surtout pour déterminer les rapports des donataires entre eux en cas de réduction, et parce qu'il ne serait pas juste qu'un donataire ancien fut réduit avant un donataire postérieur ; mais puisqu'ici, quoi qu'il arrive, la femme sera réduite, elle n'aura pas de motif de se plaindre de ce que le second donataire envoie le réservataire contre elle.

On a cherché à donner une autre explication de l'article 921, et celle-là, il faut bien le dire,

11

est moins difficile à réfuter que la première. On a prétendu que le législateur avait voulu enlever à un donataire, dernier en date, le droit de demander la réduction d'une donation antérieure nulle. Nous répondrons que l'article 291 parle d'action en réduction et non pas d'action en nullité. Pour quel motif d'ailleurs, la loi aurait-elle établi cette prohibition ? Le dernier donataire dit ceci : « Le disponible n'est nullement épuisé, puisque, la donation ayant été faite, par exemple, à un incapable, le bien, ou plutôt l'action en nullité qui représente une valeur identique à celle de ce bien est restée dans le patrimoine. Ce raisonnement est parfaitement logique (en ce sens, arrêt de rejet de la Ch. Civile du 4 janvier 1869).

Il faut donc bien se résigner à dire que la mention des donataires et légataires était dans l'article 921 parfaitement inutile.

§ II. — COMMENT SE FAIT LA VÉRIFICATION DU POINT DE SAVOIR SI LA QUOTITÉ DISPONIBLE A ÉTÉ ENTAMÉE ?

Quatre opérations sont à faire : 1° Établir une masse de tous les biens existant entre les mains du *de cujus*, en y ajoutant les biens

donnés entre vifs; 2° Estimer ces biens et dé-
falquer les dettes; 3° Fixer la quotité disponible
eu égard au nombre et à la quotité des réservataires; 4° Déterminer les libéralités qui devront
être imputées sur la quotité disponible et celles
qui doivent être imputées sur la réserve.

1° *Formation de la masse.* — Article 922 :
« La réduction se détermine en formant une
masse de tous les biens existant au décès du
donateur ou testateur. On y réunit fictivement
ceux dont il a été disposé par donations entre
vifs, d'après leur état à l'époque des donations,
et leur valeur au temps du décès du donateur.
On calcule sur tous ces biens, après en avoir
déduit les dettes, quelle est, eu égard à la qualité des héritiers qu'il laisse, la quotité dont il
a pu disposer. »

Cet article nous indique la marche à suivre
pour la composition de la masse : On prend
d'abord les biens existant au décès et on y réunit fictivement les biens donnés entre vifs.

Occupons-nous d'abord des biens qui se
trouvent dans le patrimoine du *de cujus*. Nous
n'avons pas la prétention de donner une énumération complète de tous les biens qui peuvent se trouver dans l'hérédité; nous allons
seulement poser les règles générales qui ser-

viront à résoudre les difficultés que pourrait
présenter la composition de la masse.

Une première indication à donner, c'est qu'il
ne faut compter que les biens susceptibles
d'être transmis par le défunt, en écartant les
droits viagers, ou les biens que le *de cujus*
avait à titre de grevé de substitution.

Il ne faut pas non plus compter les biens
non encore existants au décès, tel que les fruits
ou le croît des animaux ; ajoutons toutefois que
si un champ est couvert de récoltes, sa valeur
sera plus considérable, et qu'il faudra en conséquence l'évaluer plus haut. On comprendra
dans la masse les biens acquis à l'aide d'une
prescription qui n'était pas encore accomplie
lors du décès du *de cujus*, car la prescription
a un effet rétroactif. Nous compterons les créances contre les tiers et contre le réservataire,
car le réservataire s'enrichit de tout ce qu'il
n'est pas forcé de payer. Mais des difficultés
peuvent provenir de ce que la créance est ou
mauvaise, ou conditionnelle, ou douteuse. Si
la créance est notoirement mauvaise, c'est à
dire si le débiteur est notoirement insolvable,
on ne doit pas la compter du tout, sauf règlement ultérieur pour le cas où le débiteur reviendrait plus tard à une meilleure fortune ; on
pourrait, toutefois en prévision de ce retour de

solvabilité, évaluer la créance à une somme minime pour laquelle on la ferait entrer dans la masse. Dans un cas pourtant, on décide qu'il faut compter la créance même très mauvaise pour sa valeur; c'est dans le cas où le *de cujus* a légué à ce débiteur insolvable sa libération. Cette règle était déjà admise à Rome ; mais il faut bien convenir que dans le cas où le legs de libération est réductible, notre règle conduit à des difficultés inextricables. Pour les créances douteuses ou conditionnelles, Gaius indiquait deux moyens : ou bien ne pas les comprendre dans la masse, et alors l'héritier fournit caution ; ou bien les comprendre pour leur valeur, et alors ce sont les donataires et légataires qui fournissent caution à l'héritier. (L. 73. § 1. D. *ad leg Falc.*). Il y a là un arrangement amiable à faire entre les donataires et les légataires d'une part, et le réservataire de l'autre. On pourra même convenir à forfait d'une valeur à donner à la créance conditionelle ou douteuse; ce sera la valeur vénale de la créance qui sera dès lors mise aux risques du réservataire, sans cautions de part ni d'autre.

Il y aurait lieu de fournir des cautions non seulement en cas de créance conditionnelle, mais encore à propos de toute espèce de droits conditionnels, ou à propos de droits éventuellement soumis à des chances de révocation. Je suppose qu'il se trouve dans la succession une valeur donnée; la donation peut se trouver réduite au décès du donateur ou révoquée pour cause de survenance d'enfants. La mort même du donateur ne serait pas toujours une garantie d'irrévocabilité; je ne parle pas du cas de naissance posthume, mais du cas de réduction qui pourrait se produire longtemps après le décès du donateur. Soit un donateur Primus qui fait donation à Secundus de l'immeuble A; Secundus fait lui-même donation à Tertius de l'immeuble B. Secundus meurt et l'immeuble A qui lui a été donné par Primus remplit ses héritiers réservataires de leur réserve; Tertius meurt ensuite laissant dans sa succession l'immeuble B, que ses réservataires recueillent à titre de réserve. Tout cela étant ainsi réglé, il survient à Primus un enfant, ou bien Primus meurt laissant une fortune en tel état que la donation de l'immeuble A faite à Secundus excède le disponible, et se trouve toute entière prise sur la réserve. La donation faite à Secundus est donc révoquée ou réduite; par suite de cette révocation ou de cette réduction, la donation de l'immeuble B faite à Tertius et qui au décès était irréductible devient sujette à réduction; en sorte que les héritiers réserva-

taires de Tertius ne sont plus remplis de leur
réserve. Supposons que l'immeuble B valait
40,000 fr. Tertius avait donné entre vifs
40,000 fr. La donation de l'immeuble B est
réduite par les ayant cause de Secundus pour
une valeur de 20,000 fr., ce qui fait que la
succession de Tertius ne se composait en réalité
que de 60,000 fr. Le fils unique de Tertius a
reçu sa réserve, c'est à dire l'immeuble B ;
mais ce bien étant réduit d'une valeur de
20,000 fr., il ne conserve plus que 20,000 fr.
quand il a droit à 30,000 fr. ; il peut donc pour
10,000 fr. s'adresser au donataire qui a reçu
de Tertius une donation de 40,000 fr.

Pour le cas où les parties ne pourraient pas
s'entendre, la justice déciderait si la créance
doit ou ne doit pas entrer dans la masse, mais
elle ne pourrait pas, je crois, l'y faire entrer
pour sa valeur vénale.

Nous ferons entrer dans la masse la propriété des œuvres littéraires, artistiques ou
scientifiques.

On ne doit faire entrer dans la masse que les
choses qui ont une valeur appréciable en argent. Ainsi un tombeau de famille ne doit pas
être compris dans la masse de l'hérédité du
concessionnaire pour le calcul de la quotité
disponible et de la réserve. Par suite, le legs

d'un tombeau de famille ne peut être attaqué par les héritiers réservataires du testateur, alors même que la quotité disponible se trouverait déjà épuisée par des libéralités antérieures (1).

On ne doit pas faire entrer dans la masse les biens que l'héritier réservataire obtient à l'occasion de l'ouverture de la succession, mais sans que ces biens eussent été dans le patrimoine du défunt, et sans que le réservataire les obtienne en sa qualité d'héritier. Ainsi on s'accorde à reconnaître que le droit de demander des dommages et intérêts pécuniaires contre le meurtrier du *de cujus* ne se trouve pas dans la succession, et par conséquent ne peut pas entrer dans la masse sur laquelle on calcule le disponible.

Nous allons examiner maintenant quelques questions controversées.

Une grave difficulté résulte du rapprochement de notre article 922 avec l'article 747 qui décide que l'ascendant succède à l'exclusion de tous autres aux choses par lui données à ses enfants ou descendants décédés sans postérité, lorsque les objets donnés se retrouvent en nature dans la succession. Nous n'avons pas à rechercher si l'ascendant donateur a en cette qualité droit à

_____

(1) Cass. ch. des req. 7 avril 1857. Dupont de Chavagneux, 1857, 1 311.

une réserve. Nous dirons seulement que, selon nous, l'ascendant donateur n'a pas droit à une réserve, puisque d'après l'art. 747, sa vocation est subordonnée à la non aliénation des biens sur lesquels la réserve pourrait s'exercer (1). Ce qu'il nous faut rechercher, c'est ceci : les biens donnés par l'ascendant et sur lesquels a lieu l'exercice de son droit successoral, doivent-ils être compris dans la masse sur laquelle on calcule la quotité disponible et la réserve ? La difficulté en cette matière vient de ce que l'ascendant donateur est préféré aux ascendants héritiers, mais passe après les donataires auxquels les ascendants héritiers sont préférables. On a imaginé de dire qu'il y avait là deux hérédités complétement distinctes, à tel point qu'un ascendant appelé à les recueillir toutes deux, pourrait renoncer à l'une pour s'en tenir à l'autre. Je rejette cette conséquence à l'aide du raisonnement que voici : L'indivisibilité de l'option a toujours été admise dans l'ancien droit qui en faisait l'application dans l'hypothèse que nous allons dire. Une personne est appelée, d'une part, dans la succession des meubles et acquêts ; d'autre part, elle est appelée à une certaine ca-

_____

(1) Demolombe T. xix, n⁰ˢ 123 à 126.

tégorie de propres ; en ce cas on se demandait si le successible ne pourrait renoncer à la succession pour les meubles et acquêts et accepter pour les propres. La solution qui paraît avoir été admise est que toute division de l'option est impossible (Voir le nouveau Denizart au mot héritier). On citait comme singulière la coutume du baillage de Lille, qui décidait le contraire.

Ce fait nous conduit à résoudre une question délicate dans le droit actuel. Il peut arriver qu'un ascendant donateur soit appelé à recueillir une succession à un double titre ; d'abord comme parent, ensuite comme donateur. On se demande si le père ne pourrait pas renoncer, soit à la succession ordinaire, soit à la succession anomale. Il pourrait vouloir s'en tenir à la succession ordinaire et laisser tout le reste aux autres héritiers ; on pourrait encore supposer que l'ascendant donateur avait lui-même reçu une libéralité du *de cujus* ; il serait donc obligé au rapport, s'il recueillait la succession ordinaire. L'opinion générale est que l'ascendant donateur peut diviser son option. Je pense qu'il doit accepter ou répudier pour le tout. Je ne vois pas là deux successions distinctes ; je n'y vois qu'une succession unique avec des règles spéciales pour le partage. L'ascendant donateur est dans la même position que celui qui, dans l'ancien droit, eût été appelé aux meubles et acquêts et à certains propres. Duplessis prévoyait même le cas que nous citons et le résolvait comme nous. Il n'y a donc là qu'une seule succession, dans laquelle le partage se fait par portions divises au lieu de se faire par portions indivises. Sans doute ce fait est exceptionnel dans notre droit, mais on l'explique en disant, ce qui est incontestable, que c'est un vestige de l'ancienne jurisprudence.

S'il n'y a là qu'une seule succession, il en résulte que l'on doit calculer le disponible sur l'ensemble de tous les biens qui sont dans le patrimoine de *de cujus*. Le système que nous combattons admet au contraire que les biens donnés ne doivent entrer dans la masse, l'ascendant n'étant d'ailleurs ni prédécédé, ni renonçant, ni indigne, que lorsqu'ils ont été aliénés entre vifs ; c'est-à-dire qu'à l'égard des ascendants réservataires, les biens donnés entrent dans le patrimoine du donataire, précisément au moment où ils en sortent. Non, ces biens ne forment pas un patrimoine à part ; ils sont dans la succession sur laquelle les ascendants héritiers ont un droit *ab intestat* ; ce qui est vrai, c'est que quant à ces biens ils sont primés par d'autres héritiers ; de même qu'un héritier paternel a droit sur toute la succession de son auteur, mais est primé sur une moitié de cette succession par les parents maternels. Soit un individu qui a 100,000 fr. de biens se décomposant en un immeuble de 30,000 fr., donné par son aïeul, et deux autres immeubles valant l'un 30,000 fr. l'autre 40,000 fr. Il a donné l'immeuble de 40,000 fr.; la réserve n'est pas entamée, puisque dans l'espèce, le disponible est de la moitié de tous les biens laissés par le *de cujus* à son décès. Il reste même 10,000 fr. de disponible. La réserve s'impute d'abord sur les 30,000 fr. que recueillent les père et mère. Le donateur est préférable aux réservataires même au détriment de leur réserve. On aurait tort de nous objecter que dans notre espèce la donation faite par l'ascendant va avoir pour effet de diminuer la réserve des héritiers; je réponds que tout au contraire elle l'augmente, puisque de 35,000 fr. est la porte à 50,000 fr.

Le recel ou divertissement d'objets de la succession, n'a-t-il pas pour effet de diminuer la réserve de l'héritier coupable de divertissement ou de recel? Soit l'hypothèse suivante : une succession se compose de 20,000 fr. et l'enfant unique du *de cujus* a diverti 5,000 fr. Je crois que les donataires et légataires pourront lui tenir ce langage : votre réserve eut été de 10,000 fr. ; mais comme vous avez diverti pour 5,000 fr. de valeurs, vous ne pourrez prétendre aucune part de réserve dans les objets divertis, votre réserve se calculera sur une masse de 15,000 fr. ; elle sera donc de 7,500 fr. et le disponible est de 12,500 fr.

Sans doute, on peut objecter à ce système qu'il offre cette bizarrerie que la quotité disponible et la réserve ne sont pas calculées sur la même masse. Je répondrai que s'il s'agissait de faire un partage entre deux héritiers dont l'un aurait recelé, nous aurions aussi la part d'un cohéritier calculée sur une masse, et la part de l'autre calculée sur une masse différente, ce qui est tout aussi bizarre et pourtant incontestable. On objecte encore que l'art. 792 a établi deux déchéances, l'une dans l'intérêt des créanciers et des légataires, à savoir la déchéance de la faculté de renoncer, l'autre dans l'intérêt des cohéritiers du receleur, à savoir la déchéance du droit de prendre aucune part dans les objets recelés. Ne peuvent invoquer une déchéance que ceux au profit desquels la loi l'a établie ; or, la loi dans l'art. 792 *in fine* semble bien n'avoir établi la seconde déchéance que dans l'intérêt des cohéritiers seuls du receleur, puisqu'elle ne se place que dans l'hypothèse où ce receleur a des cohéritiers. Je réponds à cet argument, en recherchant quel a été l'esprit de l'art. 792. Un héritier s'est rendu coupable de recel ; la loi suppose que le recel que l'on a découvert n'est peut-être pas le seul, et en conséquence elle frappe de déchéances le receleur pour indemniser des recels inconnus ceux que les recels connus eussent atteints. Ainsi, supposons un héritier non réservataire ; si le recel n'était pas découvert, les créanciers et les légataires seraient lésés, car l'héritier receleur accepterait bénéficiairement ou renoncerait, et leur gage serait diminué. La loi craignant qu'il n'y ait des divertissements ou des recels ignorés, ne se contente pas de faire rentrer dans la succession le bien diverti ou recelé ; elle décide que le receleur sera héritier pur et simple, ce qui donnera aux créanciers et aux légataires un droit de gage sur tout le patrimoine du receleur. Supposons maintenant que le receleur soit un réservataire ; quelle garantie vont avoir les légataires si on leur refuse le droit d'invoquer la seconde partie de l'art 792 ? Aucune. En effet, il ne leur servira de rien que le réservataire receleur soit déclaré héritier pur et simple, puisque loin d'être tenu *ultra vires successionis* du paiement des legs, il ne sera tenu de les acquitter que dans la limite du disponible. La loi a-t-elle donc laissé sans protection les donataires et les légataires? Ce serait bien étrange ; remarquons, en effet, que l'idée de la, loi est de garantir contre des divertissements ignorés ceux qu'aurait atteints le divertissement qu'on a découvert. Or, dans l'espèce que nous avons prise, il n'y a qu'un seul héritier réservataire ; si nous supposons, en outre, qu'il n'y a pas de créanciers, ce recel n'a eu pour but que de frauder les légataires. Il faut pourtant bien qu'ils aient un moyen de se défendre, et ce moyen ne peut être que le droit d'invoquer l'art 792. Si au lieu d'un seul héritier réservataire nous en supposons plusieurs, on calculera la réserve sur la masse totale entre les donataires ou légataires et les autres héritiers réservataires. Pour le receleur, on fera la même opération que plus haut. Soit une succession de 80.000 fr., quatre héritiers du *de cujus* et un légataire universel. Un héritier a recelé 16.000 fr. Entre le légataire et les autres réservataires, la quotité disponible se fixe à 20.000 fr., la réserve à 60.000 fr., ce qui fait pour chacun des réservataires non coupables 15.000 fr. on calcule ensuite la réserve du receleur sur une masse de 64,000 fr. ; on obtient une réserve totale de 48.000 fr. et pour le receleur une réserve particulière de 12.000 francs. Il y a donc 3.000 fr. d'enlevés au receleur, et que l'on répartit proportionnellement entre la quotité disponible et les autres réservataires. Voici un autre mode de calcul qui nous conduit au même résultat. Quand la loi déclare qu'un héritier receleur ne pourra prétendre aucune part dans les valeurs recelées, elle suppose que ces valeurs ont été prises sur l'ensemble de l'hérédité et non pas seulement sur la part du receleur. Soient quatre héritiers, une succession de 40.000 fr. et un recel de 8.000 fr.

La loi dit : chaque part est de 10,000 fr.; le recéleur a pris 2,000 fr. sur chaque part. Je commence par remettre à chaque part les 2,000 fr. qu'elle a perdus, et, quant aux 2,000 fr. provisoirement attribués à la part du receleur, je les partage entre les trois autres parts. Le receleur ne souffre donc en définitive du recel que quant à la portion de la chose recelée qui lui eût été attribuée par un partage, et cette part se repartit sur le surplus de l'hérédité. Appliquons cette règle au cas où il y a en concours un légataire universel et des héritiers réservataires : soient une succession de 80,000 fr., un légataire universel et quatre enfants, dont l'un a recelé une somme de

16,000 fr. La succession, sans tenir compte du recel, se répartit ainsi : 20,000 fr. au légataire universel, et 60,000 fr. aux quatre héritiers, c'est-à-dire 15,000 fr. à chacun d'eux ; le légataire eût eu 4/16, et les héritiers chacun 3/16. Les 16,000 fr. recelés doivent donc se répartir ainsi : 4,000 fr. pris sur le lot du légataire, et 3,000 fr. pris sur le lot de chacun des héritiers. Nous commencerons par restituer aux lots du légataire et des réservataires non receleurs ce qu'on a voulu leur enlever ; et, quant aux 3,000 fr. dont sera privé le receleur, nous les diviserons entre les autres lots. Nous donnons 4/13 de cette somme au légataire et 3/13 à chacun des héritiers non coupables.

Arrivons maintenant aux objets donnés entre vifs. Posons comme principe, au début de notre exposition, que l'on doit faire entrer dans la masse le montant de toutes les donations. Que la libéralité soit manuelle ou déguisée, peu importe ; mais c'est aux réservataires à prouver l'existence du don manuel, ou le caractère gratuit de la libéralité déguisée. Ajoutons que l'on doit réunir même les biens donnés entre vifs à un réservataire. Dans ce cas, ce sont les donataires qui demandent qu'on fasse entrer dans la masse les biens donnés

entre-vifs. Il est bien évident qu'en faisant
cela les donataires ne demandent pas le rapport. Toutefois, la Cour de cassation a cru devoir s'en expliquer dans le célèbre arrêt, dit de
Saint-Arroman; elle a dit qu'il ne faut pas
confondre le droit d'exiger ou de refuser le
rapport proprement dit dans les partages, et le
droit d'exiger la réunion fictive des biens donnés en avancement d'hoirie pour former la
masse générale de la succession.

Quel que soit l'objet de la donation on le
fait entrer dans la masse, pourvu que ce
soit une fraction du capital; si c'est une
fraction du revenu, on ne le comprend pas
dans la masse, puisqu'on n'y comprend pas
les fruits recueillis jusqu'au décès. De ce principe découlent deux conséquences : la première, c'est qu'on ne doit pas considérer
comme sujet à une réunion fictive l'abandon
d'un usufruit ou de la jouissance d'un bien ; la
seconde, c'est que le rapport fictif prescrit par
l'art. 922 pour la fixation de la quotité disponible et de la réserve, n'est pas applicable aux
sommes que le testateur a données de son vivant, en les prélevant sur ses revenus, surtout
lorsqu'elles peuvent être considérées comme
des œuvres de charité. C'est l'application au
rapport fictif d'un principe généralement ad-

mis quant au rapport réel de cohéritier à cohéritier, établi par l'art. 843. Ainsi, on admet
que les libéralités consistant en intérêts ou
fruits, soit qu'elles aient été faites directement,
soit que la succession en ait profité en vivant
avec l'auteur commun, ne sont pas sujettes à
rapport (1).

M. Demolombe, aux n°ˢ 342 et 5 de son
tome xix, examine une question qui avait déjà
préoccupé nos anciens auteurs, et la résout
d'une façon différente de celle qui était généralement admise dans l'ancienne jurisprudence ; il paraît que, parmi les Parlements,
celui de Provence faisait seul exception. La
question se formule ainsi : « Les mêmes biens
peuvent-ils être considérés et comme biens
existants et comme biens donnés, de manière à
faire compte plusieurs fois, au profit du même
réservataire, soit dans la même succession, soit
dans deux successions différentes ? La question comporte deux hypothèses.

PREMIÈRE HYPOTHÈSE. — Primus a donné à
Secundus l'immeuble A ; postérieurement,
Secundus a donné à Primus le même immeuble
A. Primus meurt. Doit-on, dans sa succession,

_____

(1) Cass., Ch. des req., 29 juillet 1861, année 1862, I, 716.

compter deux fois l'immeuble A, d'abord comme bien existant, ensuite comme bien donné ? M. Demolombe dit non pour plusieurs raisons. : 1° On ne voit pas par quel miracle de multiplication on prétend arriver à ce résultat, que cet immeuble, qui vaut, par exemple, 100,000 francs, représente une valeur de 200,000 francs ; 2° La fiction qui sert de base à l'art. 922, d'après lequel le bien donné est réputé n'être pas sorti du patrimoine du défunt, est radicalement exclusive de ce double emploi, que l'on voudrait faire en comptant tout à la fois le même bien comme bien donné et comme bien existant ; 3° Il serait choquant que le premier donataire, qui est en même temps second donateur, c'est-à-dire Secundus, fut réduit de la totalité peut-être de la donation par les héritiers du donateur, quand il a restitué à celui-ci la moitié de sa donation.

DEUXIÈME HYPOTHÈSE. — La même personne peut-elle, comme le disait Lebrun, légitimer deux fois sur les mêmes biens, c'est-à-dire exercer deux fois un droit de réserve sur les mêmes biens, d'abord dans la succession du donateur, et ensuite dans la succession du donataire ? Ici encore, M. Demolombe, se sé-

parant de la doctrine de l'ancien Droit, se prononce pour la négative. Il trouve qu'il y a contradiction à considérer d'abord la donation
comme non avenue, et à la considérer ensuite
comme existante. Il est, en outre, choqué de ce
que la réserve peut absorber la totalité des
deux successions. M. Demolombe n'applique-
rait plus sa théorie, si les donations avaient eu
pour objet des choses corporelles différentes
ou des choses fongibles.

Je ne saurais partager cette manière de voir.
Je crois, avec M. Duranton, que nous sommes
en présence de deux donations devant produire
chacune leurs conséquences séparés, et n'ayant
nullement pour effet de s'annuler réciproque-
ment. Si l'on disait que la donation faite par
Secundus à Primus n'est autre chose qu'une
renonciation à la donation faite par Primus à
Secundus, je comprendrais que la première
donation fut réduite à néant; mais alors il faudrait appliquer la solution que nous combattons, même aux donations de choses fongibles.
Sans doute, il pourra arriver que telle ait été
l'intention des parties, et qu'en prenant la
forme d'une donation du donataire au donateur, elles n'aient voulu qu'annuler la donation.
Mais, théoriquement, on peut comprendre le
contraire ; les parties ont pu vouloir toutes

deux rester soumises aux obligations qui in-
combent aux donataires. Il y a là une question de fait que la justice appréciera. Mais,
dit-on, comment un immeuble qui vaut 100 fr.
peut-il représenter une valeur de 200? Je
répondrai que ce résultat se produit toutes les
fois qu'il y une donation ; l'objet donné compte
et dans le patrimoine du donateur, et dans
celui du donataire. Même dans l'espèce qui
nous occupe, je ne crois pas qu'on puisse se
refuser à compter le bien une fois dans la succession de Secundus, et au moins une fois dans
la succession de Primus. On ajoute qu'il y a
contradiction à considérer successivement
l'immeuble A, d'abord comme n'étant pas sorti
de la succession de Primus, et ensuite comme
n'y étant pas entré.

Selon moi, il n'y a là rien de contradictoire ;
la réunion que je fais aux biens existants des
biens donnés est purement fictive et ne touche
en rien les donataires, si les donations qu'ils ont
reçues ne sont pas sujettes à réduction. Quand
la donation n'est pas réductible, je considère si
peu le bien qui en a été l'objet comme n'étant
pas sorti de la succession, que je fais réduire
les donations postérieures pour me remplir de
ma réserve que le bien réuni fictivement ne me
procure pas. Arrivons à la troisième objection.

Il est choquant, dit-on, que le premier donataire, qui est en même temps le second donateur, soit réduit de la totalité peut-être de la
donation par les héritiers du donateur, quand
il a restitué à celui-ci le montant de la donation. Sans doute, ce résultat semble choquant,
mais, quand on le regarde de près, on le trouve
très satisfaisant. Si Primus et Secundus ont
tous deux des héritiers réservataires et que les
deux donations excèdent le disponible, elles
seront réduites toutes deux au décès de chaque
donateur, et, conséquemment, il n'y aura rien
de choquant. Mais si l'un des deux seulement
a des réservataires, ou qu'une seule des donations empiète sur la réserve, il est tout juste
que Primus et Secundus ne se trouvent pas
dans une position analogue. Supposons que ce
sont les héritiers de Primus qui font réduire et
reprenons notre hypothèse. Primus, qui avait
fait à un tiers que j'appellerai Paul, une donation de 200,000 fr., a fait ensuite, à Secundus,
don de l'immeuble A, qui vaut 40,000 fr. Secundus a donné, quelque temps après, à Primus, le même immeuble A. Primus meurt et
on ne trouve dans sa succession que ce même
immeuble, objet des deux donations. La masse
se composera de 200,000 fr., plus une valeur
de 40,000 fr. donnée à Secundus, plus l'im-

meubles A, soit en tout 280,000 fr. Primus ne
laisse qu'un fils dont la réserve est de 140,000
francs. Le fils prend d'abord l'immeuble, puis
il s'adresse au donataire dernier en date, c'est-
à-dire à Secundus, et le fait réduire de 40,000
francs. Secundus n'a plus l'immeuble, c'est
vrai ; néanmoins, la réduction s'opérera contre
lui s'il est solvable. A la mort de Secundus, s'il
laisse des réservataires, ceux-ci pourront aussi
intenter la réduction contre les ayants-cause de
Primus, en cas que la libéralité faite à celui-ci
ait excédé le disponible. Mais si Secundus ne
laisse pas de réservataires, ou si, en gratifiant
Primus il n'a pas empiété sur la réserve de ses
réservataires, Secundus se trouvera, en définitive, en perte des 40,000 fr. qu'il aura versés
aux héritiers de Primus. La raison sera dans
cette hypothèse que, bien que s'étant donné ré-
ciproquement le même immeuble, Primus et
Secundus sont loin de s'être donné la même
valeur, Secundus a donné 40,000 fr. et Primus
n'a rien donné du tout. En effet, Primus, en
faisant une donation qui, au jour de son décès,
se trouve avoir été prise sur le disponible, a
donné à Secundus un bien infecté d'un vice de
réductibilité tel que la valeur de ce bien tombe
à néant. Secundus, au contraire, en donnant
un bien qui, pour lui, était disponible, a réellement donné une valeur de 40,000 francs.

Disons toutefois qu'il ne faut pas pousser
trop loin notre système. Il est deux cas dans
lesquels nous ne ferions pas entrer dans la
masse sur laquelle on calcule le disponible,
l'immeuble A revenu au patrimoine de Primus.
En premier lieu ce serait dans l'hypothèse suivante : Primus a été seul héritier ou légataire
universel de Secundus et le don fait par Primus
à Secundus était sujet à réduction. Nous ne
pouvons faire entrer dans la masse cet immeuble, parce que la réduction s'opérerait précisément sur le patrimoine du débiteur de la réserve. — Autre hypothèse. Primus meurt ayant
reçu par donation de Secundus l'immeuble A
que lui-même avait précédemment donné à ce
dernier ; mais Secundus est insolvable, en sorte
que la réduction que vont demander les héritiers de Primus, ne pouvant s'exercer sur Secundus qui n'a rien, s'exercera sur les détenteurs, c'est-à-dire sur les héritiers réservataires
eux-mêmes. Supposons, comme plus haut, que
Primus avait, avant de faire dotation à Secundus, donné 200,000 fr. à Paul ; la réserve du
fils de Primus semble d'abord être de la moitié
de 280,000 fr., mais, effectivement, elle n'est
que de la moitié de 240,000 fr., car Primus
n'a reçu de Secundus qu'une valeur sujette à
réduction pour la totalité. Le fils de Primus,

pour obtenir sa légitime, s'adresse d'abord à Secundus qu'il discute ; Secundus étant insolvable, il se retourne contre le détenteur du bien donné, mais ce détenteur est lui-même ! C'est donc sur lui qu'il opère la réduction ; mais alors il ne faut pas faire entrer dans la masse l'immeuble A en tant que bien existant dans la succession.

Quant à la question de savoir si un réservataire peut légitimer deux fois sur les mêmes biens, je tiens fermement pour l'affirmative. La seule objection sérieuse que l'on fasse à ce système, c'est que par là on arrivera à faire envahir, par la réserve, la totalité des deux successions. Soient en effet deux enfants dont chacun est propriétaire d'un immeuble valant 10,000 francs. Primus donne à son frère son immeuble ; quelque temps après Secundus donne à Primus ce même immeuble. Primus meurt, laissant son père et sa mère. La masse sur laquelle on calculera le disponible est de 20,000 francs, ce qui fixe la réserve des père et mère à 10,000 francs, qu'ils trouvent dans la succession et qu'ils prendront en totalité, même à l'encontre de Secundus (art. 915), Secundus meurt ensuite et le même résultat se produit. En sorte que les 20,000 francs de valeurs réelles qui se trouvaient dans les patrimoines de Primus et de Secundus n'ont servi qu'à former la réserve de leurs père et mère. Cette conséquence semble bizarre, il est vrai mais un résultat analogue se produirait dans l'hypothèse suivante, où pourtant il serait difficile, je crois, d'appliquer la théorie que nous combattons. Soient trois frères : Primus, propriétaire de l'immeuble A ; Secundus, propriétaire de l'immeuble B, et Tertius, propriétaire de l'immeuble C; les trois frères n'ont pas d'autres biens, et chacun de ces immeubles vaut 10,000 francs. Primus donne à Secundus l'immeuble A, Secundus donne à Tertius l'immeuble B, et Tertius donne à Primus l'immeuble C. Chaque succession se compose de 20,000 fr., et dans chaque succession les père et mère des trois frères prendront l'immeuble qui s'y trouve, en sorte que les trois immeubles A, B et C représenteront uniquement leur réserve.

Doit-on faire entrer dans la masse les biens qui ont fait l'objet d'un partage d'ascendants? Nous le croyons, car si on admettait la doctrine contraire qui a longtemps été celle de la Cour de cassation, il en résulterait que l'ascendant ayant fait postérieurement au partage des économies ne pourrait plus disposer que d'une quotité disponible calculée sur ce maigre patrimoine. En droit, cette solution n'est pas moins

inadmissible. Pour la soutenir, il faudrait partir de cette idée que l'ascendant laisse deux successions distinctes, une première partagée par
anticipation, et puis une autre dont le règlement devrait être indépendant du règlement de
la première ; c'est ce que l'on a dit en prétendant
que l'art. 1077, consacrerait cette manière de
voir. Art. 1077 : « Si tous les biens que l'ascendant laissera au jour de son décès n'ont pas
été compris dans le partage, ceux de ces biens
qui n'y auront pas été compris seront partagés
conformément à la loi. » L'art. 1077 ne dit rien
de ce qu'on veut lui faire dire. Il décide que les
biens non compris dans le partage seront l'objet d'un nouveau partage ; c'est de même que
l'art. 887 décide que la simple omission d'un
objet de la succession ne donne pas ouverture
à l'action en rescision, mais seulement à un
supplément à l'acte de partage.

L'article 1077 décide tout simplement que
les biens qui ont fait l'objet du partage d'ascendant ne doivent pas être rapportés pour
être remis en partage. La Cour de Cassation,
après avoir, par arrêt du 4 février 1845,
adopté l'opinion que nous combattons, est
depuis revenue sur sa jurisprudence. Ces
donations entre vifs qui se font sous forme de
partages d'ascendants sont des donations en

avancement d'hoirie, et nous voyons-là une raison de plus pour les imputer sur la réserve des descendants. Ces donations, il est vrai, ne seront pas rapportables, mais cela tient à ce que les biens qui en sont l'objet sont définitivement partagés. On objecte qu'il va falloir recommencer l'opération du partage, rapporter à la succession les biens déjà partagés, remanier ce que le père de famille a fait dans l'intérêt de tous ! Nous avons, je crois, suffisamment démontré que dans notre système, il n'est nullement question de tout cela, puisque les réservatoires copartagés ne rapportent pas (1).

Les donations par contrat de mariage doivent entrer dans la masse sur laquelle on calcule le disponible. Cette question avait été tranchée par l'article 35 de l'Ordonnance de 1731. Il est vrai que la jurisprudence attribue à la constitution de dot un caractère différent, suivant qu'on la considère par rapport au constituant, ou par rapport au mari de la femme dotée; mais beaucoup d'auteurs résistent à se ranger à cet avis. Il est très-évident, selon nous, qu'envisagée en elle-même, la constitution de dot est une donation; à certains égards,

---

(1) M. Demolombe, t. 19, nos 319 et s.

il est vrai, elle participe de la nature des actes à titre onéreux, mais alors la loi prend soin de le dire; donc toutes les fois que la loi n'est pas formelle, il faut appliquer les règles de la théorie des conversions à titre gratuit. Du reste, ceux-là mêmes qui reconnaissent à la constitution de dot un double caractère, admettent que les biens donnés doivent entrer dans la masse. — Toutefois, il ne faut pas poser cette règle d'une façon trop absolue; toutes les fois qu'en vertu de l'article 1573, le rapport ne serait pas dû par la fille dotée, il ne faudra pas comprendre les biens constitués en dot dans la masse formée pour le calcul de la quotité disponible.

On réunit encore à la masse certains biens qui sont sortis du patrimoine du défunt par l'effet d'une aliénation ayant les apparences d'une aliénation à titre onéreux, mais que la loi présume être à titre gratuit. L'art. 918 règle cette hypothèse : « La valeur en pleine propriété des biens aliénés, soit à charge de rente viagère, soit à fonds perdu, ou avec réserves d'usufruit, à l'un des successibles en ligne directe, sera imputée sur la portion disponible; et, l'excédant s'il y en a sera rapporté à la masse. Cette imputation et ce rapport ne pourront être demandés par ceux des autres

successibles en ligne directe qui auraient consenti à ces aliénations, ni, dans aucun cas,
par les successibles en ligne collatérale. » Recherchons la portée de ce texte.

L'origine de l'art 918 est dans l'art. 26 de
la loi du 17 nivôse de l'an II. Sous l'empire de
cette loi, la quotité disponible ne pouvait être
donnée à un héritier *ab intestat,* et le législateur avait prévu qu'on pourrait déguiser sous
l'apparence de contrats à titre onéreux des libéralités véritables; le *de cujus* n'aurait eu pour
cela qu'à consentir des donations à charge de
rente viagère, ou des rentes à fonds perdu sans
exiger de prestations.

Le législateur de l'an ii a présumé que les
opérations, dont nous venons de parler, ca-
chaient une fraude, et, en conséquence, il les
a annulées. Aujourd'hui la quotité disponible
peut, il est vrai, être donnée à un réservataire,
mais on ne peut par préciput donner au delà
du disponible. Les rédacteurs du Code ont donc
pensé que des aliénations analogues à celles
prévues par la loi de nivôse pourraient cacher
des libéralités faites en vue de procurer à l'acquéreur des avantages prohibés; il a aussi
voulu éviter des évaluations fort difficiles à
faire. Il est inutile d'ajouter que si ces aliéna-

tions étaient faites au profit d'une personne non désignée à l'art. 918, on les traiterait comme des aliénations à titre onéreux, sauf le droit des réservataires de prouver la fraude s'il y en avait. C'est seulement lorsqu'elles ont lieu au profit d'un réservataire que l'on présume la fraude.

Ces explications préliminaires données, voyons quelles sont les opérations auxquelles s'applique la présomption de l'art. 918. La loi prévoit trois cas : aliénations à charge de rente viagère, à fonds perdu, avec réserve d'usufruit. Les deux premières sortes d'aliénations n'en font qu'une, ou plutôt la première n'est qu'une espèce de la seconde, car une aliénation à fonds perdu et une aliénation moyennant un droit viager. Cela vient de ce que l'on a suivi inexactement le texte de la loi de nivôse. Cette loi parlait, en effet, de donations à charge de rente viagère, et de ventes à fonds perdu ; il n'y avait pas double emploi. La première expression de notre article s'applique spécialement aux donations, et la seconde aux aliénations à titre onéreux, moyennant un titre viager. On ne peut donc faire rentrer dans les termes de notre article, quoi qu'en ait dit M. Duranton, une aliénation à charge de rente perpétuelle. Si le prix stipulé consiste à la fois et en rente viagère et en une somme d'argent, je crois qu'il ne faudra appliquer l'art. 910 que pour la portion de biens aliénés dont le prix est représenté par la rente viagère.

Nous avons dit que l'expression « aliénés à charge de rente viagère », voulait dire, dans notre texte : « donnés à charge de rente viagère. » On a pourtant contesté cela, en disant que notre article ne prévoyait que les aliénations à titre onéreux, puisque, si l'acte revêt une forme d'aliénation à titre gratuit, il n'y a plus simulation ni fraude. Malgré tout, nous maintenons notre explication du mot « aliénés ». parce que, bien qu'on ait pris la forme d'une donation, c'est un acte onéreux s'il est sincère.

Le législateur, conséquent avec le principe qui lui avait servi de point de départ, à savoir que ces opérations déguisaient une fraude aux loi de la réserve, a décidé que ces libéralités seraient présumées faites par préciput. C'est donc une seconde présomption mise à côté de la première.

Le Code ne s'en est pas tenu aux deux cas prévus par la loi de nivôse ; il a renchéri sur la sévérité de cette loi, en faisant tomber sous le coup de sa présomption les aliénations avec réserve d'usufruit. Dans cette hypothèse encore,

13

le législateur a regardé comme vraisemblable que l'opération n'avait de la rente que le nom. Il s'agit ici d'une vente de nue-propriété. **La** présomption de la loi n'a plus la même base que dans les deux cas précédents ; le prix de la nue-propriété peut très bien, en effet, n'être pas un droit viager, mais cette circonstance, que le disposant a retenu l'usufruit, fait présumer que la vente n'est pas sérieuse, et que le *de cujus* a voulu obtenir indirectement les résultats qu'il eût obtenus au moyen d'un legs. Quand notre texte parle d'aliénations avec réserve d'usufruit, il est bien évident qu'il n'a en vue qu'une vente, car s'il s'agissait d'une donation avec réserve d'usufruit, comme il n'y aurait aucune simulation à présumer, nous n'appliquerions pas la seconde de nos présomptions, et dès lors la donation serait rapportable. On voit donc que le mot aliénation a un sens différent, suivant l'hypothèse à laquelle il s'applique. Si l'aliénateur ne s'était réservé l'usufruit que d'une partie du bien, je n'appliquerais l'art. 918 que sur la partie du bien sujette à son usufruit.

Maintenant que nous savons quelle doit être la nature de l'opération, pour tomber sous le coup de l'art. 918, recherchons au profit de qui doit être constituée la rente viagère, réservé l'usufruit. Nous croyons que la rente viagère ne peut être constituée, l'usufruit réservé, qu'au profit de l'aliénateur. C'est d'abord le sens le plus vraisemblable, le premier qui vient à l'esprit quand on lit notre texte. De plus, quand il s'agit de vente avec réserve d'usufruit, un des motifs de la présomption légale nous manque, puisque l'aliénateur ne conserve pas la jouissance de la chose. Est-il bien présumable d'ailleurs qu'un tiers se prête à ces simulations quand il s'agit de ventes à charge de rente viagère, et consente à donner des quittances d'arrérages qu'il ne touche pas. N'oublions pas d'ailleurs que la loi n'a pas voulu atteindre toutes aliénations consenties par le *de cujus* au profit de l'un de ses successibles en ligne directe, mais seulement celles qui sont prévues par l'article ; or, nous sommes dans une matière *strictissima interpretationis*, et il faut bien nous garder de forcer le sens des mots.

La seconde condition est que l'opération ait eu lien entre personnes désignées à l'article, c'est-à-dire au profit de successibles en ligne directe. La loi de nivôse avait étendu sa prohibition à tous les héritiers présomptifs, car tous avaient droit à une réserve. En n'accordant le droit à une réserve qu'aux héritiers en ligne directe, le Code a dû

restreindre aussi la portée de notre article. Que
veut dire le mot successible? Faut-il que cet
individu, désigné sous le nom de successible,
vienne à la succession? Faut-il qu'il ait été
héritier présomptif au moment de l'acte? Il
serait rationnel d'exiger, et la loi de nivôse
exigeait en effet que l'acquéreur à fonds perdu
eût été l'héritier présomptif du *de cujus*. Car le
fondement de la disposition est une présomption
de fraude, et pour que cette fraude puisse être
présumée, il faut qu'elle soit possible au moment où a lieu l'acte suspecté. Ce que la loi
redoute, c'est une libéralité déguisée au profit
d'un héritier en ligne directe; si l'acte suspect
avait lieu au profit d'un étranger, la loi le tien-
drait pour vrai; or, dans notre espèce, il semble que le cocontractant est lors de l'acte étranger au *de cujus*. N'est-il pas vrai d'ailleurs que
quand on recherche une fraude dans un acte,
on se reporte au moment où l'acte a été accom-
pli, et qu'il serait bizarre qu'il dépendît d'un
événement futur et complétement étranger à
un acte antérieur de rendre cet acte frauduleux. Ces raisons sont puissantes sans doute,
mais elles ne sauraient prévaloir contre le texte
de l'article. Il y est question de successible, et
le mot successible veut si peu dire héritier présomptif, qu'à l'art. 846 la loi établit une oppo-

sition entre ces deux termes; successible est synonyme d'héritier. Il résulte de là que si l'héritier présomptif qui a traité avec le *de cu-jus* vient à mourir et n'est pas représenté, ou bien s'il renonce, nous n'appliquerons pas la présomption de l'art. 918.

Certains jurisconsultes et notamment MM. Demolombe et Duverger, tout en admettant que successible veut dire l'héritier au jour du décès, exigent néanmoins, pour l'application de l'article 918, que le cocontractant ait été héritier présomptif au jour de l'acte.

Quel sera l'effet de l'application de l'art. 918? C'est que l'opération sera traitée comme une libéralité faite par *pre ciput*. Le Code a posé ici une présomption *juris et de jure*; en effet l'art. 1352 nous dit que nulle preuve n'est admise contre la présomption de la loi, lorsque sur le fondement de cette présomption, elle annule certains actes et dénie l'action en justice, et ici on ne fait autre chose qu'annuler la vente. Le successible ne pourra donc ni faire la preuve contraire, ni se faire restituer les sommes qu'il prétendrait avoir payées, car cela reviendrait à faire la preuve contraire. Il est vrai que la loi de nivôse permettait à l'acquéreur de se faire rembourser les sommes qu'ils justifierait avoir payées au delà du revenu de la chose aliénée.

« Mais, dit M. Vernet, c'était seulement dans la dernière partie de l'art. 26, relative à l'annulation rétroactive des aliénations déjà consenties depuis le 14 juillet 1789, et pour empêcher que cette rétroactivité ne fut pas trop inique. » (Traité de la quotité disponible, p. 437). L'excédant, nous dit la loi, sera rapporté à la masse ; n'est ce pas réduit qu'il faudrait dire ? Il semble que ce n'est pas un rapport, mais bien une réduction qui devait avoir lieu ; ce n'est pas une pure question de mots, car les effets du rapport ne sont pas les mêmes que ceux de la réduction. Ce n'est pas seulement ici, mais encore aux articles 844 et 846 qu'on emploie l'expression de rapport pour indiquer la remise que doit faire le successible. Il faut en conclure qu'en principe c'est un rapport, car il n'y a lieu de recourir à la réduction qu'autant que c'est un étranger qu'on réduit ; le rapport rend la réduction inutile. Mais si l'obligation du rapport était insuffisante, les héritiers réservataires pourraient subsidiairement invoquer la réduction notamment pour atteindre les immeubles aux mains des tiers.

Nous avons maintenant à rechercher par quels moyens un héritier présomptif faisant un des actes prévus par l'art. 918, peut éviter de tomber sous le coup des prévisions de cet article. L'art. 918 nous dit que l'imputation et le rapport ne peuvent être demandés par ceux des autres successibles en ligne directe qui auraient consenti aux aliénations. Pour l'explication de cette phrase il existe deux systèmes. Dans un premier système, on dit que le mot successible veut dire, comme au commencement de l'article, héritier venant réellement à la succession, et en conséquence, on décide que dès qu'un héritier n'a pas consenti aux aliénations, qu'il fût ou non successible à l'époque où l'acte a été passé, il a le droit d'exiger l'application de notre article. « Dans la seconde partie de l'article, dit M. Vernet, le mot successible est évidemment employé dans le sens d'héritier au jour de l'ouverture de la succession, puisque le texte refuse le droit de demander l'imputation et le rapport dont il s'occupe aux successibles en ligne directe qui auraient consenti aux aliénations faites à fonds perdu ou avec réserve d'usufruit, et qu'il n'était utile de leur enlever ce droit qu'en les supposant héritiers. » Ce système invoque encore la différence de rédaction entre la loi de nivôse et l'art. 918 ; sans doute, sous l'empire de la loi de nivôse, il suffisait d'avoir obtenu le consentement de tous les parents de l'acquéreur et de degrés plus prochains, mais le Code a simplement déclaré que le consentement donné par les cosuccessibles du successible qui a contracté avec le *de cujus* rendrait ceux-ci non recevables à invoquer la présomption de l'art. 918, le droit des autres successibles restant réservé.

Le second système, beaucoup plus satisfaisant à certains égards, décide que, pourvu que le successible ait obtenu le consentement de ses cohéritiers présomptifs, il n'aura rien à craindre; tel était en effet le système de la loi de nivôse. Mais il faut bien dire que les partisans de ce système ne présentent guère que des arguments d'équité, arguments qui ne sauraient prévaloir contre le texte, selon nous, précis de la loi.

Nous lisons à la fin de l'article que l'imputation et le rapport ne pourront être demandés par les successibles en ligne collatérale. Cela était bien inutile à dire, puisqu'au profit des collatéraux il n'y a pas de réserve. Entre collatéraux, il n'y a pas de questions de réduction, mais des questions de rapport, et l'art. 918 dispense du rapport.

Ajoutons que lorsque l'une des opérations indiquées à l'art. 918 aura eu lieu entre le *de cujus* et un étranger, il sera toujours permis aux héritiers de prouver qu'il y a fraude, que l'acte qui se dissimule sous les apparences d'un contrat à titre onéreux est à titre gratuit, et en conséquence, de faire réduire.

On doit faire entrer dans la masse les avantages que le successible a retirés de contrats à titre onéreux, intervenus entre lui et le défunt, lorsque ces avantages proviennent du contrat même et non d'une circonstance postérieure, à moins toutefois que l'avantage ne soit tellement minime qu'il puisse être considéré comme le résultat régulier d'un contrat à titre onéreux (art. 853).

La même solution est applicable quand il y a eu contrat de société entre un héritier et le défunt, et pourvu que les conditions aient été réglées par un acte authentique (art. 854). L'art 854 parle d'associations faites sans fraude ; cela veut dire sans avantages indirects dissimulés ou déguisés sous apparence de société ; la société fût-elle constituée par acte authentique, il y aurait lieu à rapports et à réduction des avantages, s'il y avait libéralité déguisée. Si les conditions de l'association n'ont pas été réglées par acte authentique, tous les avantages qu'en a retirés le successible sont rapportables comme avantages indirects. La condition d'authenticité ne pourrait être suppléée ni par l'enregistrement, ni par la publication et l'affichage de l'acte, conformément aux articles 42 et 44 Co.

L'art. 1840 prévoit une société intervenue non pas entre le *de cujus* et l'un de ses héritiers, mais entre le *de cujus* et une personne quelconque, et il dit : « Nulle société universelle ne peut avoir lieu qu'entre personnes respectivement capables de se donner ou de recevoir l'une de l'autre, et auxquelles il n'est point défendu de s'avantager au préjudice d'autres personnes. » Pris à la lettre, cet article semble vouloir dire qu'une société universelle intervenue entre un individu ayant des héritiers à réserve et un étranger est nulle. Mais il résulte des travaux préparatoires et cela est généralement admis que l'avantage qui résulte du contrat de société pour les autres associés est seulement sujet à réduction. Nous ne faisons qu'indiquer ces points qui, à vrai dire, ne rentrent pas dans notre matière.

Doit-on faire entrer dans la masse les avantages résultant de conventions matrimoniales ? La réponse est aux articles 1496 et 1527. Il faut distinguer s'il y a des enfants d'un précédent lit, ou s'il y a seulement des enfants communs. S'il y a des enfants d'un précédent lit, ces avantages sont considérés comme étant de véritables donations, et les enfants du précédent lit ont l'action en réduction. Puisque la

loi ne donne l'action en réduction qu'aux enfants du premier lit, c'est que les enfants communs ne l'ont pas; les enfants communs ne
peuvent jamais attaquer les avantages résultant de la communauté, non plus que les autres héritiers réservataires. Il n'est pas aisé de
donner de bonnes raisons de cette distinction.
Il est généralement admis que si les enfants
communs n'ont pas l'action en réduction, ils
profitent néanmoins de la réduction demandée
par les enfants du premier lit.

Nous terminerons là cette énumération, et
nous passerons à la seconde partie de notre
paragraphe.

2° *Estimation des biens et déduction des dettes.*

La masse étant formée ainsi que nous
venons de le voir, il s'agit d'évaluer les biens
qu'on y a fait entrer. Occupons-nous d'abord
des biens restés aux mains du *de cujus.*

La loi n'ayant pas réglé le mode d'estimation
on en conclut que cette estimation peut être
amiable ou judiciaire, mais doit être faite con-
tradictoirement entre les parties intéressées.
L'estimation est faite d'après la valeur des biens
à l'époque de l'ouverture de la succession. Le
Code a conservé la vieille règle romaine que
Gaius formulait en ces termes: « *In quantitate*

patrimonii exquirenda, visum est mortis tempus spectari. » De ce principe il résulte qu'on ne doit tenir compte ni des augmentations ni des diminutions de valeur que les objets composant la masse ont pu subir depuis la mort du *de cujus*. Soit un père ayant un fils; le père a donné entre vifs 100,000 fr. il laisse un immeuble valant 80,000 fr. au jour de son décès. La masse se compose donc de 180,000 fr., ce qui fixe la réserve du fils à 90,000 fr. Le fils pourra donc faire réduire le donataire de 10,000 fr. lors même que par suite de l'établissement d'un chemin de fer, par exemple, la valeur de l'immeuble aurait été dans l'intervalle qui sépare le jour du décès du jour de l'estimation portée de 80 à 100,000 fr. — Nous avons vu plus haut comment on estime les créances. Quant aux valeurs cotées à la Bourse, comme les rentes sur l'Etat, on les estimera d'après le cours de la Bourse au jour de l'ouverture de la succession. Toutefois, quelques auteurs, et notamment M. Bayle-Mouillard annotateur de Grenier, proposent de ne pas appliquer cette règle quand quelques jours après le décès, les valeurs éprouvent une variation considérable, à cause d'un événement déjà arrivé, mais encore inconnu à la Bourse au jour du décès. Outre que cette exception à la règle entraînerait des difficultés considérables, je ne la considère pas comme équitable, car enfin, précisément à cause de l'ignorance où l'on était encore de l'événement qui occasionne la hausse ou la baisse, la valeur n'avait au jour du décès que la valeur vénale que lui attribue la cote de la Bourse. Toutefois, en cas d'acceptation bénéficiaire, quand l'héritier doit vendre certaines valeurs en vertu des nécessités de son administration, comme alors il agit dans l'intérêt de toutes les parties intéressées, il serait juste de dire que ce sera la vente qui fixera le prix des choses ainsi aliénées.

Passons à l'estimation des choses données entre vifs ; la loi veut qu'on les évalue au moment du décès en faisant abstraction de ce qui provient du fait de l'ayant-cause. Nous voyons dans l'art. 922 qu'on estime les biens d'après leur état à l'époque des donations et leur valeur à l'époque du décès du donateur. Cela veut dire qu'il faut considérer la donation comme n'ayant pas eu lieu, et que par conséquent il ne faut pas tenir compte des changements qui sont faits par le donataire. Les choses données entre vifs peuvent être des immeubles ou des meubles. Occupons nous d'abord des immeubles.

Nous avons dit qu'il ne fallait pas tenir

compte des améliorations qui sont le fait du donataire.

Il faut pourtant apporter une petite exception à cette règle, en ce qui touche les réparations d'entretien qui sont une charge de fruits que le donataire a perçus, puisqu'il ne doit restituer les fruits qu'à dater du décès, et encore à condition que la demande en réduction ait été formée dans l'année. — Il faut en dire autant des améliorations ou détériorations qui parviendraient du fait d'un tiers qui aurait acquis du donataire. — Les biens qui ont péri par cas fortuit ne doivent pas entrer dans la masse et par conséquent il n'y a pas lieu d'en faire une estimation. Nous appliquons cette règle lors même que le bien aurait péri par cas fortuit entre les mains d'un acquéreur du donataire. Sans doute si l'aliénation a été à titre onéreux, le donataire a touché le prix du bien, mais il n'en est pas moins vrai que si la donation n'avait pas eu lieu, cet immeuble eût péri aux mains du *de cujus*. La raison qui nous fait adopter cette décision nous conduit à ne pas l'étendre aux cas d'aliénation forcée, par exemple, au cas d'expropriation pour cause d'utilité publique. En effet, si le bien fut resté aux mains du disposant, il aurait également été exproprié, et les réservataires eussent trouvé dans la succes-

sion le prix de l'expropriation. Arrivons maintenant à l'estimation des meubles.

Les meubles qui existent dans la succession
sont estimés d'après leur valeur au moment
du décès. Quant aux meubles donnés entre vifs,
on pourrait se demander s'il ne faut pas leur
appliquer l'art. 868 d'après lequel en cas de
rapport on estime le mobilier sur le pied de sa
valeur au moment de la donation. L'art. 868
n'est pas applicable dans notre espèce, puisque
l'art. 922 a réglé l'estimation d'une autre manière et a décidé qu'on se placerait à l'époque
du décès. Cette différence est remarquable en
ce qu'elle innove sur l'ancien droit. Les travaux
préparatoires au sein du Conseil d'Etat (Fenet.
T. XII. p. 349), nous prouvent qu'on a voulu
innover. La raison de la différence que l'on
faisait entre le rapport et la réduction a été
parfaitement indiquée. C'est que l'héritier donataire en avancement d'hoirie a su dès le
principe que sa donation serait sujette à rapport, tandis que le donataire non successible ne
devait pas s'attendre à réduction. Il y a donc
pour le premier une raison de mettre la chose,
dès la donation, à ses risques et périls, raison
qui n'existe pas pour le second. Nous n'appliquerons pas cette règle aux donations de quantités,

donations qui se ramènent en définitive à des donations de sommes d'argent.

La raison que nous avons donnée de la différence existant entre le rapport et la réduction quant à l'estimation des biens nous porte à appliquer l'art. 922 lors même que la réduction est subie par un héritier acceptant, et bien que nous ayons dit que dans ce cas ce sont les règles du rapport qui sont applicables. En effet, le cohéritier donataire par préciput n'a pas dû s'attendre à la réduction plus que ne s'y serait attendu tout donataire étranger.

Nous savons qu'on ne fait pas entrer dans la masse la valeur des immeubles donnés qui ont péri par cas fortuit. En est-il de même à l'égard des meubles? On l'a contesté par la raison que les meubles n'ayant pas d'assiette fixe, il eût pu se faire que le meuble n'eût pas péri s'il était resté aux mains du donataire. Cette raison ne nous touche pas. En effet, si le rapport des meubles se fait en moins prenant, la réduction des meubles se fait en nature, et on sait que le débiteur d'un corps certain, même d'un meuble est libéré par la perte fortuite de ce meuble, lors même qu'elle ne fut pas arrivée si le meuble eût été aux mains du créancier, à moins qu'il ne soit en demeure. Or, le donataire d'un meuble est débiteur éventuel, et n'est pas en

demeure avant la demande en réduction ; donc
il ne répond pas de la perte fortuite des meubles
arrivée avant cette époque (M. Demolombe,
T. XIX, n° 389).

Il peut se présenter cet accident que parmi
les donations de somme d'argent, il s'en trouve
de faites à un insolvable. Devra-t-on les compter
pour leur valeur ? Un premier point sur lequel
tout le monde est d'accord, c'est que si la
donation ne doit pas être réduite, il n'y a nul
compte à tenir de l'insolvabilité du donataire.
Soit un *de cujus* qui laisse un enfant ; il ne se
trouve rien dans sa succession, mais il a été
donné entre vifs 50,000 fr., à Primus d'abord,
puis 50,000 fr., à Secundus. Primus est
complètement insolvable. La masse se composera
de 100,000 fr., et la donation faite à Secundus
sera réduite pour le tout. Tout le monde, je le
répète, admet ce résultat. Mais supposons que
Primus étant solvable, Secundus soit insolvable.
Quand le réservataire s'adressera à Secundus,
il ne pourra rien obtenir. Devra-t-il se contenter du droit illusoire de réduction qu'il a contre
Secundus, ou bien pourra-t-il au contraire
s'adresser à Primus ? Parmi les auteurs, les
uns (1) prennent parti pour le réservataire, les

(1) Lebrun Succ. L. II. Ch. III. Sect. 8, n° 25. Merlin au mot
Légitime, sect. 8 § 2. Grenier, n. 632.

14

autres (1) pour le donataire ; d'autres (2) enfin
adoptant une opinion intermédiaire, font supporter l'insolvabilité de Secundus, à la fois par le
réservataire et le donataire. Après avoir bien
hésité nous croyons devoir adopter le système
intermédiaire et décider que l'insolvalibité sera
supportée et par les donataires et par les réservataires ; en d'autres termes nous dirons qu'on
ne fera pas entrer dans la masse le montant de
la donation réductible faite à un insolvable.

Pour établir ce point, nous posons d'abord la
règle suivante applicable à d'autres hypothèses:
il faut faire entrer dans la masse les biens qui
peuvent être imputés sur la réserve ou le disponible avec la valeur pour laquelle on les impute,
et il ne faut faire entrer que ceux-là. C'est ainsi
qu'en cas de donation de meubles en avancement d'hoirie, si le donataire accepte la succession, nous ferons entrer dans la masse les
objets donnés, pour la valeur qu'ils avaient au
moment de la donation, lors même qu'au
moment du décès, leur valeur ne serait plus la
même. Mais revenons à notre hypothèse.

Nous disons que les biens, meubles donnés à
un insolvable, ne doivent pas entrer dans la

(1) Lemaistre, Cout. de Paris. p. 450.
(2) M. Demolombe, T XIX n. 603 et s. Marcadé 3. III.

masse, ou plus exactement, que leur valeur doit être considérée comme nulle. En effet ces biens ne peuvent s'imputer ni sur le disponible, ni sur la réserve. Ils ne peuvent s'imputer sur le disponible puisque, à l'époque où ils ont été donnés, le disponible était déjà épuisé. Ils ne peuvent s'imputer sur la réserve, puisque les tentatives de réduction faites à l'encontre des donataires insolvables n'amèneraient aucun résultat. Pothier qui était dans l'ancien droit partisan du système que nous soutenons, en a parfaitement donné les motifs en disant : « Ce donataire ayant dissipé les biens, c'est par rapport à la légitime la même chose que si le défunt, qui les lui a donnés, les eût dissipés lui-même. »

Ces raisons juridiques qui sont excellentes ne sont pas les seules qui militent en faveur de ce système ; il est corroborré par les reproches que l'on peut faire aux deux systèmes radicaux. Le premier permet au donateur de révoquer les donations qu'il a faites antérieurement, et le second lui permet d'anéantir la réserve de ses héritiers. Il n'a pour cela qu'à donner à un insolvable la réserve qu'il a entre les mains. Ces deux résultats sont également choquants, et il serait contraire à l'esprit du Code de les considérer comme possibles. Reprenons l'hypothèse que nous avons choisie plus haut. La masse se composera de 50,000 fr., la réserve sera de 25,000 fr., que le réservataire demandera à Primus, si plus tard Secundus revient à meilleur fortune, Primus et le réservataire auront action contre lui, chacun pour 25,000 fr.

On ne tient aucun compte, pour l'estimation, des changements qui surviennent entre le décès et l'époque de la liquidation.

Nous avons maintenant à nous occuper de la déduction des dettes ; la loi nous dit qu'après avoir composé la masse on défalque les dettes. La marche indiquée par la loi peut être suivie quand le total des dettes égale au plus le total des biens existants ; mais si l'on voulait employer le même procédé quand le total du passif dépasse l'actif existant, on arriverait à un résultat faux. Soit un père ayant un enfant ; il laisse 20,000 fr. d'actif, 30,000 de dettes ; il a fait entre vifs une donation de 30,000 fr. Si nous procédions suivant les indications de l'article. 922, nous dirions : il y a 50,000 fr. d'actif, 30,000 fr. de passif, c'est-à-dire 20,000 fr. nets, le disponible est donc de 10,000 fr.; le réservataire pourra donc faire réduire le donataire de 20,000 fr. Si nous usons de l'autre procédé, nous trouvons que le passif absorbe tout l'actif existant et par suite la masse se composera des 30,000 fr. donnés entre vifs ; le disponible sera de 15,000 fr. et le donataire ne sera réduit qne de 15,000 fr. Ce système est le bon, car nous prenons la masse, déduction faite des dettes sur les biens qui doivent les acquitter, tandis que dans l'autre système, on ferait la réduction comme si le créancier était payé. Telle était l'opinion de Pothier, opinion qu'il a consignée au titre xv de la Coutume d'Orléans. Les travaux préparatoires ne laissent aucun doute sur l'adoption du système de Pothier par les rédacteurs du Code. Il y a en ce sens un arrêt de la Cour de cassation du 14 janvier 1856.

Si la loi avait déterminé la quotité de la réserve, au lieu de déterminer la quotité du disponible, on aurait pu, à la rigueur, suivre à la lettre le texte de l'art. 922. Soit un père laissant 50,000 fr. de biens, 100,000 fr. de dettes, et ayant fait un don entre vifs de 50,000 fr. Ce père laisse un fils. Le donataire aurait pu dire : il y a 100,000 fr. d'actif, 100,000 fr. de passif, votre réserve se réduit donc à néant : Ce résultat, eût-il continué, n'est pas inique, car la libéralité que m'a faite votre père ne vous cause pas de tort ; en effet, si les 50,000 fr. qui m'ont été donnés étaient restés dans le patrimoine de votre auteur, ils auraient servi à payer les 50,000 fr. de dettes que l'actif existant ne peut éteindre.

Il faut déduire des biens existants les dettes obligatoires contre le défunt et qui grevaient la succession au moment de son ouverture; il n'est donc pas question des dettes naturelles; nous serions toutefois porté avec M. Demolombe (T. xix, 400) à déduire les dettes civiles, lors même que le créancier n'aurait pas de titre si, le serment de crédibilité étant déféré à l'héritier, celui-ci déclarait qu'à sa connaissance la dette existe. Si les dettes sont litigieuses, conditionnelles ou solidaires, la justice intervenant décidera que des cautions seront fournies, soit par les réservataires, soit par les donataires.

Les frais de procès soutenus par l'héritier dans l'intérêt de la succession, bien que n'ayant jamais été à la charge du défunt, doivent néanmoins être déduits de la masse active, parce que l'héritier les a faits pour le commun profit de tous.

Les frais funéraires doivent aussi être déduits; cette règle est traditionnelle, et Pothier la posait dans l'Introduction au Titre xv de la Coutume d'Orléans. Qu'entend-on par frais funéraires. Cette expression est vague et la loi ne l'a précisée nulle part; mais c'est précisément parce qu'elle est vague, que les juges doivent avoir, en cas de contestation, un pouvoir plus grand. En général, on entend par frais funé- raires tous ceux qui ont leur cause dans les né- cessités qui suivent le décès, tous ceux faits *propter funus*, les frais d'ensevelissement, de garde, de cérémonies religieuses, etc. A Paris ces frais sont très considérables; où faudra-t-il s'arrêter? Il a toujours été admis, même à Rome, qu'il fallait examiner les ressources du défunt, sa situation sociale et les circonstances. Il est impossible de décider d'une façon géné- rale si les frais d'érection d'un monument doi- vent entrer dans les frais dits funéraires; ces questions sont éminemment des questions d'ap- préciation.

Je pense aussi qu'il faudrait déduire de la masse les sommes dont le défunt a ordonné l'emploi, soit en messes à dire à son intention, soit en aumônes, en un mot en bonnes œuvres *pro remedio animæ*. En effet, ces frais sont faits uniquement dans l'intérêt du défunt, et cet intérêt est de l'ordre le plus élevé, puisqu'il touche aux choses de la vie future. Ajoutons toutefois que nous ne parlons que de sommes modiques; en sorte que les legs pieux, les legs faits *ad pias causas* devraient être compris dans les libéralités testamentaires, et les objets qu'ils viseraient ne devraient pas être déduits de la masse active. La question s'était déjà posée sur l'ancien droit. Justinien avait décidé que les legs pieux ne seraient pas sujets au retranchement pour parfaire la Falcidie, et certains auteurs avaient pris argument de ce texte pour décider qu'il fallait étendre cette solution à la quarte légitime. Mais la majorité des auteurs et la jurisprudence résistaient par la raison, dit Ricard, que les premiers et plus favorables pauvres étaient les enfants du défunt.

Que décider si un legs est fait sous prétexte de restitution de vol ou d'usure ? Devra-t-on considérer ce legs comme une dette à déduire de la masse ? Dans l'ancien Droit, Lebrun distinguait suivant que le vol et l'usure étaient prouvés ou non. Au premier cas, les légataires étaient considérés comme de vrais créanciers, et les biens qui leur étaient légués n'étaient pas compris dans la masse héréditaire ; au second cas, la prétendue restitution n'était plus considérée que comme un prétexte pour frauder les légitimaires. Une décision analogue était donnée en cas de legs rémunératoire. M. Vernet, qui rapporte ces décisions, pense avec raison, je crois, qu'elles sont encore applicables (Vernet. quot. disp. p. 442).

Une question plus délicate est celle-ci : Doit-on déduire les frais de scellés, d'inventaire,

de liquidation, de partage ? Sans doute, ces frais
n'étaient pas dettes du défunt, mais ils sont faits
dans l'intérêt commun de toutes les parties, de
même que les frais faits pour soutenir un procès. Les scellés empêchent le détournement des
objets de la succession, l'inventaire en constate
l'existence, et l'estimation la consistance. Quant
aux frais de partage, peut-être pourrait-on
soutenir qu'ils ne sont pas faits dans l'intérêt
des donataires. Disons toutefois que la majorité
des auteurs ne fait aucune distinction (M. Demolombe, t. xix. n° 418 et Marcadé, t. iii, sur
l'art. 922, n° 593.)

3° *Fixation de la quotité disponible.* Cette
opération est la plus simple de toutes celles
qu'il y a à faire ; le chiffre de la quotité disponible, suivant le nombre des réservataires, est
indiqué par les articles 913, 914 et 915.

4° *Détermination des libéralités qui doivent
être imputées sur la quotité disponible et la
reserve.* Déclarons tout d'abord que les donations faites à tout autre qu'à un héritier réservataire ne sauraient se prendre que sur la quotité disponible ; ce point est incontestable et n'a
besoin d'aucun commentaire. Mais que déciderons-nous relativement aux donations faites

aux héritiers réservataires ou à l'un d'eux? Il
faut distinguer les donations faites par préciput, des donations faites par avancement
d'hoirie.

Les donations faites à un réservataire par
préciput sont imputables sur la quotité disponible et c'est à cette règle que se rattache l'article 915 que nous avons étudié plus haut. On
sait que cet article prévoit le cas ou le *de cujus*
aurait fait avec l'un des héritiers réservataires
certains actes que la loi par présomption légale
traite comme donations préciputaires. Le principe que nous posons est écrit à l'art. 919 en ces
termes : « La quotité disponible pourra être
donnée, en tout ou en partie, soit par acte
entre vifs, soit par testament, aux enfants ou
aux autres successibles du donateur, sans être
sujette au rapport par le donataire ou le légataire venant à la succession, pourvu que la
disposition ait été faite expressément à titre de
préciput ou hors parts. La déclaration que le
don ou legs est à titre de préciput ou hors parts
pourra être faite, soit par l'acte qui contiendra
la disposition, soit postérieurement dans la
forme des dispositions entre vifs ou testamentaires. » Si le réservataire donataire par préciput accepte la succession, il cumulera le disponible avec sa part de réserve; s'il renonce,

il ne pourra conserver le bénéfice de sa donation que dans les limites du disponible. Jusqu'ici tout est parfaitement net, mais les difficultés vont surgir quand nous allons supposer une donation faite par avancement d'hoirie.

Supposons donc que la donation a été faite par avancement d'hoirie. Il faut encore sous-distinguer suivant que le réservataire dona-taire vient à la succession et l'accepte, ou bien qu'il ne vient pas parce qu'il est pré-décédé ou renonçant. Supposons que le do-nataire par avancement d'hoirie accepte la succession ; alors la libéralité s'imputera sur la réserve. Soient deux enfants dont l'un a reçu en avancement d'hoirie 50,000 fr., le père laisse dans sa succession 100,000 fr.; dans son testament il a légué à un étranger, ou à son autre fils par préciput 50,000 fr. Si les 50,000 fr. donnés entre vifs devaient s'imputer sur le disponible, il aurait été épuisé ; on dira, au contraire, que ces 50,000 fr. sont une portion de la réserve. La raison est que, dans l'inten-tion du père de famille, la donation faite à son fils était une avance et non une disposition de biens à prendre sur ce qu'il avait le droit de distraire de la succession. Le légataire aura donc le droit de dire que les 50,000 fr. donnés à l'enfant par avancement d'hoirie doivent

s'imputer sur la réserve. Mais alors, nous ob-
jecte-t-on, le légataire va demander le rapport!
L'objection n'est pas fondée; le légataire ne
demande pas le rapport, mais prétend seulement que la quotité disponible n'a pas été
épuisée par la donation de 50,000 fr. faite par
avancement d'hoirie. Le légataire demanderait
le rapport si les biens existants au décès ne
suffisant pas pour le payer de son legs, il demandait à être payé sur les biens donnés entre
vifs. Supposons que le père a donné à chaque
enfant entre vifs 60,000 fr. et qu'à son décès
il lui reste 30,000 francs; le légataire de
50,000 francs pourrait-il prétendre qu'il doit
lui revenir 20,000 francs? Non, car ce serait demander le rapport. Notre théorie va
toute seule, si nous supposons que la donation
en avancement d'hoirie faite à un successible
était au plus égale à la part de celui-ci dans la
réserve. Mais, il pourrait arriver que la donation
faite à l'enfant fut supérieure à sa part dans la
réserve. Soit un père qui a donné par avancement d'hoirie à l'un de ses deux enfants 60,000
francs; il meurt laissant 90,000 fr. et un testament par lequel il institue un légataire de
50,000 fr. Les 10,000 fr. qui dans le don fait
au réservataire excèdent sa part de réserve, ne
doivent-ils pas être imputés sur la quotité dispo-

nible? Cette question a été l'objet d'une vive controverse entre M. Vernet et M. Labbé, controverse que nous trouvons aux tomes xi et xii de la *Revue Pratique*. Le système de M. Labbé est celui-ci : on impute la donation faite par avancement d'hoirie au réservataire sur la part de réserve de ce donataire; le surplus s'impute sur le disponible (*Revue pratique*, t. xi, p. 277). Primus a deux enfants. Il donne à l'un d'eux 45,000 fr.; il lègue à un tiers la quotité disponible, et meurent laissant 15,000 fr. La masse est donc de 60,000 fr. et voici comment M. Labbé règle la succession. Chaque enfant a droit à titre de réserve à 20,000 fr. celui des deux qui a reçu un don de 45,000 fr. l'imputera jusqu'à due concurrence sur sa réserve, et pour l'excédant qui est de 25,000 fr. sur la quotité disponible, d'où il suit que cette quotité disponible est épuisée et que le légataire n'aura rien.

« Notre principe, dit M. Labbé, est celui-ci: « l'imputation d'une libéralité non dispensée de « rapport s'exerce en premier lieu sur la part « du donataire dans la réserve, ensuite sur la « quotité disponible. Les raisons ne manquent « pas pour justifier cette solution. Par avance- « ment d'hoirie, un père donne ce que vrai- « semblablement le donataire aurait plus tard

« recueilli comme héritier. Il ne lui donne pas
« ce que son père aura le droit de recueillir. »
Voyons où conduit cette théorie qui est aussi
celle de MM. Aubry et Rau. Elle conduit à
dire que l'héritier réservataire donataire en
avancement d'hoirie ne doit pas rapporter à ses
cohéritiers ce qui excède sa réserve, dans la
donation qu'il a reçue. Cette théorie a été vivement combattue par M. Vernet, ainsi que nous
le disions tout à l'heure, et plus tard par M. Demolombe. C'est, qu'en effet, le don en avancement d'hoirie est fait en prévision de l'acceptation du donataire; sans doute à cause
de l'irrévocabitité des donations, ce don ne
sera pas révoqué au cas où le réservataire
donataire n'accepterait pas la succesison. Mais
comme le donateur a supposé que ce réservataire accepterait, comme son acceptation doit
avoir pour effet de remettre dans la masse partageable le montant de la donation, il n'y a rien
de choquant à ce que le père ait donné à l'un
de ses fils la part de réserve afférente à son
autre fils. On a fait à ce système l'objection
suivante : soit un père qui a donné entre vifs et
sans clause de préciput à l'un de ses enfants
une somme de 70,000 fr.; il meurt laissant
20,000 fr. et par testament il a institué son second fils légataire de la quotité disponible; le

second fils recueillera donc un émolument de 60,000 fr., quand le premier devra se contenter de 30,000 ! Cette objection ne nous touche pas, et d'ailleurs on en a exagéré la portée. Je crois que le donataire par avancement d'hoirie gardera 35,000 fr., et que le second fils n'aura que 55,000 fr., car le réservataire réclamant un legs ne peut pas plus, en tant que légataire, profiter du rapport que ne le pourrait tout légataire étranger.

Il pourrait se faire qu'il n'y eût qu'un enfant; alors il n'est plus question de préciput et on pourrait hésiter à imputer sur la réserve la donation faite à cet enfant unique. Toutefois je pense que la donation doit s'imputer sur la réserve, car à moins de manifestation contraire de volonté, il est présumable que le père n'a pas voulu se lier les mains. Toutefois la question est fort délicate lorsqu'il s'agit d'un legs fait à l'héritier réservataire en concours avec un légataire. Le 28 décembre 1808 la Cour d'Agen rendit un arrêt décidant que le réservataire doit pouvoir cumuler son legs avec sa réserve, arrêt que Grenier combat au n° 597 du T. II de son traité des donations. Le dernier arrêt qui, à ma connaissance, ait statué sur cette question est un arrêt de la Cour de Colmar du 7 août 1861 conçu dans le même sens

que celui de la Cour d'Agen. Je pense qu'a-
vant tout il faudra rechercher s'il n'existe pas
des circonstances particulières, desquelles on
puisse induire que le testateur a voulu que le
legs s'imputât, soit sur la quotité disponible,
soit sur la réserve. Mais en supposant qu'aucune circonstance particulière ne pût nous
faire deviner l'intention du testateur. je crois
qu'il faudrait imputer le don sur la réserve.

Supposons maintenant que le réservataire
par avancement d'hoirie ne vient pas à la succession parce qu'il est prédécédé. Nous imputerons alors sur le disponible le montant de la
libéralité faite à ce réservataire, à moins que
celui-ci ne soit représenté; car alors le représentant devant le rapport, c'est comme si le
représenté venait lui-même. Il faut donc
admettre que le donataire prédécédé n'est pas
représenté. Il est impossible, en effet d'imputer cette libéralité sur la réserve, puisque celui
qui en profite n'est pas réservataire. On pourrait
dire, il est vrai, que la condition sous laquelle
a été faite la donation est défaillie et que dès
lors les biens doivent rentrer dans la succession.
Un arrêt de la Cour de Montpellier du 19 novembre 1830 le décidait ainsi : Cette solution
n'a pas été admise par ce que, dit M. Labbé,
la donation en avancement d'hoirie est une do-

nation pure et simple, aussi stable qu'une
donation faite à un étranger, mais que le donataire ne peut pas cumuler avec ses droits héréditaires. Si l'enfant du donataire prédécédé venait
de son chef, il ne serait pas obligé de rapporter
ce qu'il aurait reçu de son père, quand même
il aurait succédé à celui-ci; il résulte de là
que même dans ce cas la libéralité faite au père
ne s'imputerait pas sur la réserve (1).

Que déciderons-nous, si l'enfant ne vient pas
à la succession par ce qu'il renonce? Impute-
rons-nous la donation qu'il a reçue sur la quotité
disponible ou sur la réserve ? C'est la grande
et difficile question du cumul. La meilleure
manière d'exposer cette question est de retracer
l'histoire des variations de la jurisprndence en
cette matière.

Le premier arrêt de la Cour de Cassation
qui ait été rendu sur ce point est le fameux arrêt
Laroque de Mons du 18 février 1818 (arrêt de
rejet de la Ch. Civ. du 18 février 1818. Dev.
année 1818. I. 98). Cet arrêté fit sensation et
c'est on peut le dire, avec emphase que l'arré-

---

(1) Cass. Ch. des req. 10 nov. 1869. Année 1870. I. 18 aff. de
Chamisso. Cet arrêt qui est précédé d'un long rapport de M. le
Conseiller Dagallier décide encore que les enfants de l'adopte
succèdent au père adoptif.

tiste le rapporte et le commente. Le 28 messi-
dor de l'an III avait eu lieu le mariage du sieur
Laroque de Mons auquel sa mère faisait une
donation de tous ses biens en s'en réservant
l'usufruit. Le 2 décembre 1808 Mme Laroque
de Mons mère mourait laissant six enfants.
M. Saint-Pierre Laroque de Mons donataire et
l'aîné de ces six enfants renonçait à la succession de sa mère pour s'en tenir à son don ; les
autres enfants acceptaient. Le sieur Laroque de
Mons commença par s'emparer de toute la fortune de sa mère. Assigné en partage par ses
frères, il demanda le prélèvement de la quotité
disponible, plus sa part de réserve ; ses frères
ne voulurent pas accéder à cette prétention et
ne lui reconnurent que le droit de prélever le
disponible. C'est sur ce point que roula le procès. Laroque de Mons prétendait donc garder

$\dfrac{6}{24}$ à titre de donataire du disponible et

$\dfrac{3}{24}$ à titre de réservatoire, en tout $\dfrac{9}{24}$.

Un jugement du Tribunal de Périgueux du 29
août 1814 repoussa la prétention du sieur Laroque, et ce jugement fut confirmé par arrêt de
la Cour Royale de Bordeaux du 30 janvier 1816.
M. Laroque de Mons porta alors le débat devant

la Cour suprême ; il produisit à l'appui de son pouvoir une consultation de M. Proudhon. Cette consultation s'appuyait sur les règles qui avaient autrefois régi la légitime ; en effet même dans les pays coutumiers on admettait que le légitimaire renonçant pouvait par voie d'exception retenir la quotité disponible et sa part de létime. La Cour de Cassation ne se rendit pas aux raisons de M. Proudhon et la Chambre Civile présidée par le premier président de Sèze décida que le demandeur ayant volontairement renoncé à la qualité d'héritier pour s'en tenir à la donation ne pouvait prétendre qu'à la portion disponible, et avait perdu sa part dans la réserve ou légitime que la loi ne donne qu'aux héritiers. Dans l'affaire Laroque de Mons, a dit M. Dupin, le rapporteur était M. Poriquet, l'un des collaborateurs du Code au titre des successions ; c'était une tradition vivante de la véritable pensée du législateur. Cette jurisprudence était excellente, où du moins nous allons tâcher de le démontrer.

Dans les pays de Droit écrit comme à Rome, la légitime était une quote part des biens et non de l'hérédité ; dans les pays coutumiers au contraire, on avait généralement admis la maxime : « *apud nos non habet legitimam, nisi qui heres est.* » Toutefois bien que les coutumes se fus—

sent placées à un autre point de vue que le Droit romain, il était resté dans le Droit coutumier un vestige de la légitime romaine. Sans doute on admettait bien que, pour pouvoir réclamer la légitime par voie d'action, il fallait être héritier, mais par contre, « tous conviennent, disait Pothier, qu'on peut retenir la légitime par voie d'exception, quoiqu'on ait renoncé à la succession. » Aussi l'enfant renonçant *aliquo accepto* faisait-il nombre pour le calcul de la légitime. L'art. 307 de la coutume de Paris disait : « Néanmoins, ou celui auquel on aurait donné, se voudrait tenir à son don, faire le peut, en s'abstenant de l'hérédité, la légitime réservée aux autres. »

Comme la légitime avait un caractère individuel, il en résultait que le donataire conservait et le disponible et sa part de légitime. Ce système avait aussi été consacré par l'art. 34 de l'ordonnance de 1731. Les précédents semblent donc être contre nous ; mais nous nous empressons d'ajouter qu'à côté de la légitime, il y avait une autre institution éminemment coutumière, celle des réserves coutumières, et cette institution était régie par des règles différentes. « Entre plusieurs qui sont appelés à une succession, disait Pothier, ceux qui y renoncent, pour se tenir à leur legs, ne peuvent avoir aucune part dans les quatre quints des propres, que la coutume réserve aux héritiers. » Donc un lignager ne pouvait par voie d'exception retenir aucune part dans la réserve des quatre quints. De ces deux systèmes si dissemblables, quel est celui que le Code a adopté ? Celui des réserves coutumières. Il est très remarquable d'abord que nous ne trouvons pas une seule fois dans le Code les expressions « légitime, légitimaires ; » ces mots ont été remplacés par ceux de « réserve, réservataires. » Nous ne voudrions pas attacher une trop grande importance à cette observation, toutefois il nous semblerait étrange, quoiqu'on l'ait dit, que le Code en abolissant la réserve et conservant la légitime, eût précisément pris le nom de la première de ces institutions pour désigner la seconde. Mais ce qui est tout à fait probant, c'est que le Code civil dans son art. 913 s'exprime de la même façon que les art. 922 des Coutumes de Paris et d'Orléans. Ces trois textes déterminent la portion de biens dont pourra disposer le débiteur de réserve et ne font aucune attribution de la portion réservée. Les jurisconsultes coutumiers en avaient donc tiré cette conséquence inévitable que cette partie réservée formait la succession *ab intestat*, et qu'on n'y pouvait prétendre qu'en se portant héritier. Nous avons déjà dit au commencement de ce travail, que le patrimoine du père de famille se décomposait en deux parties l'une disponible, et l'autre indisponible qui n'était que la succession *ab intestat* réservée.

Nous avons dit que la loi n'avait pas à l'art. 913 fait d'attribution des biens qu'elle réservait, et que pourtant nous n'hésitions pas un seul instant à les attribuer aux enfants. C'est qu'en effet la vocation de ceux-ci est à l'art. 745 qui les appelle à la succession de leur père. Qui dit réservataire, dit donc héritier.

Ce n'est pas tout ; l'art. 845 a prévu qu'un réservataire pourrait renoncer à la succession pour s'en tenir à sa donation ou à son legs; dans quelle mesure lui permet-il de retenir le don ou de réclamer le legs ; le texte est tellement précis qu'on ne comprend guères qu'on ait voulu ressusciter la théorie de la légitime en présence de cet article.

Il dit : L'héritier qui renonce à la succession peut cependant retenir le don entre vifs ou réclamer le legs à lui fait, jusqu'à concurrence de la quotité disponible. N'y a-t-il pas un abîme entre cet article et le texte de la Coutume qui disait qu'on pouvait s'en tenir à son don, la légitime réservée aux autres? M. Demolombe a fait très justement remarquer que la solution à adopter était complétement indépendante du point de savoir si le renonçant fait nombre ; nous n'avons pas à traiter ici cette question ; disons seulement que nous croyons que le renonçant ne fait pas nombre ; il est regrettable que la Cour de Cassation, dans l'arrêt Laroque de Mons, ait posé le principe contraire, quand rien, dans la cause soumise à la Cour, ne nécessitait cette déclaration. Si l'on veut compter l'enfant renonçant pour le calcul de la réserve, nous dirons que, sa part étant vacante, accroîtra à celle des enfants acceptants. Mais, je le répète, je crois que l'enfant renonçant ne doit pas être compté.

L'arrêt Laroque de Mons mit fin aux procès de ce genre jusqu'en 1843 ; mais, pour être complet, il faut signaler deux arrêts intermédiaires qui ont fait faire un pas à la doctrine du cumul. Le premier de ces arrêts est l'arrêt Mourgues (1): Le sieur Mourgues avait fait, en faveur de sa fille Elisabeth, un don en avancement d'hoirie. En 1825, il lègue, par préciput, la quotité disponible à son fils Ferdinand. Il meurt, laissant une troisième fille, Angélique, mariée au sieur Jean Jean. Elisabeth renonça pour s'en tenir à son don, et, dans tout le procès, resta personnellement hors de cause ; mais

_____

(Cas. Ch. req., 11 août 1829 Aff. Mourgues, 1829, I, 297.

alors s'éleva la question de savoir sur quoi on
imputerait les 20,000 francs donnés à la fille
renonçante ; si on les imputait sur le disponible, il était absorbé et le legs préciputaire
était destitué de tout effet. La prétention de
Ferdinand Mourgues était que le don devait
être imputé d'abord, et avant tout, sur la part
de réserve afférente à sa sœur Elisabeth. La
question se présentait favorablement, car prendre parti pour Angélique Mourgues amenait à
ce résultat, que le père ayant donné par avancement d'hoirie, le donataire n'avait qu'à renoncer pour réduire à rien tous les legs. Cette
considération a conduit la Cour de Montpellier
(arrêt du 17 janvier 1828) à décider que la donation devait s'imputer d'abord sur la part du
renonçant dans la réserve, et la Chambre des
requêtes de la Cour de Cassation a rejeté le
pourvoi contre l'arrêt de Montpellier. La considération que nous venons d'indiquer a si bien
influencé la Cour de Cassation que nous trouvons dans l'arrêt le considérant suivant : « Attendu que, s'il en était autrement, il dépendrait
toujours de l'enfant doté en avancement d'hoirie de rendre illusoires, par une renonciation
concertée, les dons que le frère aurait faits de
la portion disponible. » Cet arrêt, que M. Ragon (Théorie de la rétention et de l'imputation,

II, p. 222) dit avoir été le point de départ d'une jurisprudence réparatrice, fut bientôt suivi d'un autre arrêt de la Cour suprême dans le même sens. — Par le contrat de mariage de la dame Duroure, en date du 23 janvier 1806, le comte de Castille, son père, lui constitua en dot, par avancement d'hoirie, une somme de 100,000 fr. Ultérieurement, et suivant le testament du 12 octobre 1825, le comte de Castille légua à son fils aîné, par préciput et hors parts, les biens composant un majorat qu'il avait érigé précédemment. En 1826, M. de Castille mourut, laissant pour héritiers sept enfants. La dame Duroure renonça. M. de Castille, fils aîné du feu comte, soutint que madame Duroure ne pouvait retenir son legs que jusqu'à concurrence de sa part de réserve, et qu'en tout cas la rétention du don en avancement d'hoirie devait s'imputer d'abord sur la réserve de madame Duroure et ne porter que subsidiairement sur le disponible.

Du 27 août 1829 jugement du tribunal d'Uzès, qui décide que la dame Duroure ne peut retenir son don que jusqu'à concurrence de sa réserve légale. Du 19 août 1830 arrêt de la Cour de Nimes, qui ordonne que le don à retenir par la dame Duroure sera exclusivement imputé sur le disponible. Enfin le 24 mars

1834, la Cour de Cassation rendit un arrêt décidant que le don devait, jusqu'à concurrence
du disponible, être imputé d'abord sur la part
de réserve du réservataire renonçant, et subsidiairement sur le disponible (1). En faveur de
ce second système on fait valoir surtout les inconvénients que l'on reproche au premier.
D'autre part on établit qu'il ne viole nullement
l'art. 845 puisque cet article ne dit pas que le
réservataire retiendra son don sur la quotité
disponible, mais dit qu'il le conservera jusqu'à
concurrence de la quotité disponible. L'article,
dit-on, ne tranche donc nullement la question
d'imputation, mais fixe seulement l'étendue de
la retenue. Les règles relatives à l'imputation
sont dans la tradition des pays coutumiers
aussi bien que dans celle des pays de Droit
Écrit; il fut toujours admis dans l'ancien Droit
que le réservataire renonçant pouvait retenir sa
légitime par voie d'exception.

Tout en décidant que les réservataires renon-
çants ne pourraient conserver leur donation
que dans les limites du disponible, la Cour de
Cassation avait dévié, puisque dans les arrêts
Mourgues et Castille, les enfants reconçants
venaient prendre leur part dans la réserve.

---

(1) Cass. 24 mars 1834. Castille. 1834. 1. 145.

Cette déviation en l'accentuant aboutit à la doctrine du cumul qui consiste à dire que le réservataire donataire renonçant conservera sa donation jusqu'à concurrence de la quotité disponible et de la réserve cumulées. Le premier
arrêt de la Cour de Cassation qui renverse la
jurisprudence établie par l'arrêt Laroque de
Mons est du 17 mai 1843 (1).

L'affaire qui amena cet arrêt fut portée
d'abord devant le tribunal de St-Calais, puis
devant la Cour d'Angers qui jugèrent, conformément à l'arrêt Laroque, de Mons. Mais le 17
mai 1843, la Cour de Cassation cassa l'arrêt de
la Cours d'Angers et décida que l'enfant donataire en avancement d'hoirie pouvait, en renonçant à la succession pour s'en tenir à son don,
cumuler dans cette retenue et la quotité disponible et sa part de réserve. M. Devilleneuve,
en rapportant cette décision débute ainsi dans
une note mise au bas de l'arrêt : « Plus d'une
fois, en posant ce sommaire, nous nous sommes
demandés si c'était bien là ce que la cour de
Cassation avait entendu juger ; si elle avait
voulu renverser ainsi d'un mot, presque sans
discussion, la jurisprudence qui avait été établie par l'un de ses plus célèbres arrêts, par

_____

(1) Cass. 17 mai 1843. Leproust. 1843. I. 689.

l'arrêt Larroque de Mons. » Et M. Devilleneuve, effrayé de la responsabilité (le mot est
de M. Demolombe) qu'avaient assumée les partisans des arrêts Mourgues et Castille, s'efforce
de prouver qu'il n'y a aucune solidarité entre
ces arrêts et l'arrêt de 1843. Je ne recherche-
rai pas si les arrêts Mourgues et Castille devaient
forcément conduire à l'arrêt Leproust, mais ce
qui est bien certain, c'est qu'ils avaient servi de
transition entre la doctrine de l'arrêt Laroque
de Mons et la doctrine radicale du cumul. —
Ce troisième système est d'une exposition fort
simple; son origine est dans l'ancien Droit dont
il applique les règles dans toute leur intégra-
lité. Dumoulin lui-même enseignait la doctrine
du cumul et pourtant il avait écrit : « *Non habet
legitimam nisi qui heres est.*» C'est qu'en effet, le légitimaire donataire n'a pas besoin d'être héritier
pour retenir sa réserve par voie de rétention,
puisqu'il en est nanti en vertu d'une juste
cause de transmission. L'art. 845 s'explique
dans ce système de la façon suivante : Il y a
deux sortes de disponible ; l'un, au profit des
étrangers comprend, la quotité déterminée par
les art. 913 et 915 ; l'autre au profit des réservataires comprend cette même quotité accrue
de la part réservée à l'enfant qui renonce, part
qui, précisément parce qu'elle est indisponible

contre lui est éminemment disponible à son profit. L'art. 845 veut donc simplement dire que le renonçant conservera son don jusqu'à concurrence de la quotité disponible à son égard, c'est à dire *la légitime réservée aux autres*.

Quoi qu'il en soit, la doctrine du cumul était celle de la Cour de cassation. Les Cours d'appel se divisèrent, les unes adoptant la doctrine de l'arrêt Laroque de Mons, les autres celle de l'arrêt de Leproust. Un jour, la Cour de Riom se prononça dans le sens de l'arrêt de 1818; son arrêt fut cassé et l'affaire renvoyée devant la Cour de Bourges, qui jugea comme avait fait la Cour de Riom; l'affaire revint donc une seconde fois devant la Cour suprême. L'arrêt qui fut rendu par toutes les Chambres réunies est du 27 novembre 1863 (1). Voici quel était le cas. Le sieur Croizet, décédé le 9 décembre 1841, avait laissé quatre enfants, dont la dame Lavialle donataire entre vifs d'une somme de 15,000 francs, qu'elle prétendait retenir d'abord sur sa réserve et ensuite sur tout ou partie du disponible. Le 19 août 1857, le Tribunal d'Aurillac rendit un jugement admettant la

---

(1) Arrêt de Cassation en robes rouges du 27 nov. 1863. Aff. Lavialle. Dev. 1863, 1 513.

prétention de la dame Lavialle ; ce jugement fut cassé le 1ᵉʳ mars 1858, par arrêt de la Cour de Riom. Bref, l'arrêt vint le 27 novembre 1863 devant les trois Chambres réunies de la Cour de cassation. Le procureur général Dupin prit la parole pour adjurer la Cour de revenir sur sa jurisprudence ; il rappela que plusieurs fois déjà, et notamment dans la question du duel et dans celle des reprises de la femme, il avait amené la Cour à modifier sa jurisprudence antérieure. Ce fut la doctrine de l'arrêt Laroque de Mons qui l'emporta sur les conclusions de M. le conseiller Faustin Hélie. L'arrêt qui fut rendu mérite d'être rapporté en entier, car il contient en quelques lignes une admirable exposition de la matière et des vrais principes qui la régissent : « La Cour, attendu que l'art. 913, C. N., qui déterminé la portion de biens que les père et mère donnent, soit à leurs enfants hors part, soit à des étrangers, il résulte que la réserve n'est autre chose que la succession elle-même, diminuée de cette portion, s'il en a été disposé. Que les enfants n'ont dès lors droit à cette réserve et ne la recueillent qu'à titre d'héritiers, et qu'aucune disposition du Code ne sépare la qualité de réservataire de celle d'héritier. Qu'ils succèdent, aux termes de l'art. 745, à tous les biens du défunt, et sont investis par les art. 920 et 921 du droit de former entre tous les donataires la demande en réduction des donations qui excèdent la quotité disponible. Attendu que si la donation a été faite à un successible réservataire, il y a lieu de distinguer si elle a été faite avec ou sans dispense de rapport. Que ce n'est que lorsqu'elle a été faite avec dispense de rapport, en vertu du droit que la loi a conféré aux père et mère, comme un attribut de la puissance paternelle, que le donataire peut, en venant à la succession, cumuler avec la quotité disponible sa part dans la réserve ; mais que. lorsque cette dispense n'a pas été expressément stipulée par le donateur, le donataire doit, s'il accepte, faire le rapport du don qu'il a reçu, et que, s'il renonce, il ne peut le retenir qu'à titre de donation et jusqu'à concurrence de la quotité disponible. Que si le don excède cette quotité, il ne peut y avoir lieu de l'imputer d'abord sur la part du donataire dans la réserve et subsidiairement sur la portion disponible, puisque, suivant l'art. 785, le donataire renonçant n'a plus la qualité d'héritier. Enfin que les héritiers acceptants ne peuvent être privés du droit de demander la réduction, sous prétexte qu'ils seraient nantis de leur part personnelle ou que les biens seraient sortis de la succession, puisque, d'une part, ces héritiers sont appelés collectivement à la succession, et par conséquent à la réserve, et puisque, d'une autre part, ils exercent tous les droits et actions qui sont attachés à leur titre d'héritiers, etc. »

La doctrine de l'arrêt Leproust luttait vainement contre l'art. 845 ; l'explication qu'on donnait des mots « quotité disponible » était une subtilité, et en réalité on laissait au réservataire renonçant non seulement la quotité disponible, mais encore une part de la réserve. Les cours d'appel se sont soumises à la nouvelle jurisprudence de la Cour de cassation ; nous citerons ainsi dans le sens de l'arrêt Lavialle un arrêt de la Cour de Dijon, du 10 avril 1867. (Dijon, 10 avril 1867, aff. Aumonier 1867, 11, 275). La doctrine des arrêts Laroque de Mons et Lavialle a aussi été consacrée par l'art. 1003 de Code Italien.

Tout en admettant cette solution, il ne faut pas se dissimuler qu'elle offre de graves inconvénients ; elle prête à la critique. La grosse objection est que les plans du père de famille vont être renversés ; mais il faut bien reconnaître que la même chose se présentera si l'enfant donataire est prédécédé ! C'est au père de famille à prendre ses précautions. Au point de vue des textes le second système donne une explication

ingénieuse des mots, « jusqu'à concurrence de
la quotité disponible ; » mais on veut que ces
mots aient un sens différent aux art. 844 et 845,
ce qui n'est pas admissible. M. Marcadé a indiqué un moyen d'empêcher ou plutôt d'atténuer
ce résultat fâcheux : « Il est manifeste, dit-il
que le don qui avait comme avancement d'hoirie
la date du jour où on l'a fait, n'a comme don
ordinaire que la date où il devient tel, c'est à
dire la date de la renonciation. Or, c'est par ordre
de dates d'après l'art. 923, que les libéralités
doivent se réduire, en commençant par les dernières. » Le don en avancement d'hoirie fait
à un réservataire renonçant serait donc réductible à la date du décès, ce système a été rejeté
par l'arrêt précité de Dijon, du 10 avril 1867.
Il ne faut pas d'ailleurs trop s'exagérer les
inconvénients du système formulé dans les
arrêts Laroque de Mons et Lavialle.

En supposant qu'il n'y ait pas plus de trois
enfants, et à la condition de ne pas compter le
renonçant pour le calcul de la réserve (il est
vrai que l'arrêt Laroque de Mons, a décidé
qu'il fallait le compter) le disponible s'agrandit et
il pourra se faire que les legs faits par le *de cujus*,
reçoivent leur exécution. Soit un *de cujus* qui
laisse trois enfants dont un donataire entre vifs
et sans clause de préciput d'une somme de

35,000 francs. Ce *de cujus* laisse 85,0000 fr., et par testament il a institué un légataire universel, la masse est de 120,000 fr., ; si le donataire accepte la succession, il remettra dans la masse 35,000 fr., et ne reprendra que 30,000 fr., il y a donc intérêt à renoncer. Mais sa renonciation porte le disponible de 30,000 à 40,000 fr. ; le légataire universel recevra 5,000 fr. — Le plus grand danger qu'offre ce système, c'est que la renonciation peut être frauduleusement concertée entre le donataire et ses frères dans le but de rendre réductibles les libéralités ultérieurement faites et, par conséquent, de nuire aux légataires. Il est bien certain que cela peut arriver, mais il ne faut pas oublier que s'il y a un marché entre le renonçant et ses frères, cette renonciation n'ayant de la renonciation que le nom ne devra produire aucun effet, et nous imputerons sur la réserve la donation faite au réservataire. — Si le père de famille ne veut pas voir ses plants déjoués, il doit mettre à sa donation une condition résolutoire et dire que cette donation sera résolue au cas de non acceptation de sa succession par le donataire ; si la donation est faite par contrat de mariage, le père peut encore, conformément à l'art. 1086, se réserver la faculté de disposer en tout en partie du bien qu'il donne.

§ III. Dans quel ordre les libéralités peuvent-elles être attaquées

La grande règle qui régit cette matière, nous la trouvons déjà dans l'art. 34 de l'ordonnance de 1731 ; elle consiste à dire que la réserve doit se prendre d'abord sur les biens existants non donnés, ni légués entre vifs, ensuite sur les biens légués et enfin en dernier lieu sur les biens donnés. Cette règle, commandée par la nature des choses et par le principe de l'irrévocabilité des donations entre vifs, est consacrée dans la première partie de l'art. 923 qui nous dit : « Il n'y aura jamais lieu à réduire les donations entre vifs, qu'après avoir épuisé la valeur de tous les biens compris dans les dispositions testamentaires.......» C'est encore à ce même principe que se réfère l'art. 925 : « Lorsque la valeur des donations entre vifs excédera ou égalera la quotité disponible, toutes les dispositions testamentaires seront caduques. » La nature des choses, avons-nous dit, veut que l'on commence par réduire les dispositions testamentaires : c'est qu'en effet ce sont ces dernières libéralités qui ont attaqué la réserve, tandis que les premières n'ont fait qu'épuiser la quotité disponible. Afin d'étudier plus méthodiquement l'ordre dans lequel s'opère la réduction, nous poserons diverses hypothèses.

PREMIÈRE HYPOTHÈSE. — *La quotité disponible a été dépassée par les donations entre vifs.* — Un premier point résulte de l'art. 925 cité plus haut. On commence donc par faire réduire toutes les dispositions testamentaires ; mais cela ne suffit pas et les réservataires ont encore le droit de s'attaquer aux donations entre vifs. La même raison qui fait qu'on réduit les libéralités testamentaires avant les libéralités entre vifs fera que parmi ces dernières on réduira les plus récentes ; ce sont en effet ces dernières qui ont empiété sur la réserve, tandis que les plus anciennes ont été faites dans la mesure du disponible. Cette règle, qui nous paraît si rationnelle, eut pourtant de la peine à s'établir ; elle eut des commencements difficiles, selon l'expression de M. Demolombe ; un certain nombre d'auteurs dans l'ancien droit voulaient que la légitime se prît par contribution sur toutes les donations ; il y avait même des arrêts en ce sens. Toutefois, la règle contraire finit par triompher et par être consacrée par l'art. 34 de l'ordonnance de 1731. Nous avons déjà étudié le cas où une donation est faite sans

clause de préciput à un réservataire qui renonce, et nous avons décidé que dans ce cas la
donation devait s'imputer sur le disponible ;
nous avons aussi rejeté le système de M. Marcadé, d'après lequel cette donation devrait être
atteinte la première. Nous avons aussi résolu la
difficulté qui se présente quand la donation réductible est faite à un insolvable.

L'art. 1090 nous dit : « Toutes donations
faites aux époux par leur contrat de mariage
seront, lors de l'ouverture de la succession du
donateur, réductibles à la portion dont la loi
lui permettait de disposer. » Mais à quelle date
ces donations seront-elles réductibles? La difi-
culté a trait aux donations de biens à venir ;
c'est qu'en effet ces donations ont un caractère
mixte, c'est qu'à certains égards elles ont de
l'analogie avec les dispositions testamentaires.
Le donateur, en effet, ne donne que pour le
temps où il sera mort, et le donataire ne recueille le montant de la donation qu'à la condition de survivre au donateur. En outre, le donateur est toujours maître d'anéantir la donation
en disposant à titre onéreux des biens qui y
sont compris.

Mais il y a cette différence capitale entre

la donation de biens à venir et le legs que
le donateur ne peut révoquer la donation
même et qu'il n'est pas le maître de s'appau-
vrir par des libéralités (art. 1083). Considérée
à ce point de vue, la donation de biens à venir
nous apparaît donc comme une donation entre
vifs, et c'est là, en effet, son caractère essentiel.
Sans doute, l'étendue de l'émolument qu'elle
doit procurer peut être modifiée jusqu'au décès,
mais il n'en est pas moins vrai que cette donation confère au donataire un droit irrévocable,
et que le donateur ne peut plus la retirer. Aussi,
considérons-nous ces donations comme réductibles à leur date.

On discute encore très vivement sur le point
de savoir si la donation entre époux est réductible à sa date ou au jour de décès; la
raison de doute vient de ce que ces donations
sont essentiellement révocables; en sorte qu'on
ne peut se demander si le dessaisissement
du donateur n'a pas lieu seulement au moment
où il devient irrévocable, c'est à dire au moment de la mort du donateur. Supposons d'a-
bord une donation de biens présents. Dans ce
cas, je crois qu'il faut dire sans hésiter que la
donation est réductible à sa date. En effet, dès
l'instant de la donation, le donataire est saisi d'un
droit non pas irrévocable, sans doute, mais ac-

tuel. A la différence du légataire qui n'a absolument aucun droit tant que le testateur n'est pas mort, le conjoint donataire a un droit qui, en l'absence de révocation, remontera au jour du décès. Je ne saurais donc admettre l'opinion de M. Duranton qui veut que la donation entre époux, même de biens présents, soit assimilée aux legs et réduite avec eux au marc le franc.

En sera-t-il encore de même si la donation entre époux est une donation de biens à venir? La question est plus délicate, et un grand nombre d'auteurs qui admettaient que la donation entre époux de biens présents était réductible à sa date, sont d'un avis différent lorsqu'il s'agit d'une donation de biens à venir (M. Vernet, p.p. 484 et 485).

Toutes les donations, quelles que soient la forme qu'elles revêtent, la cause qui les a inspirées sont réductibles à leur date. M. Marcadé a, il est vrai, enseigné qu'une donation en avancement d'hoirie faite à successible qui renonce était réductible à la date de la renonciation ; mais nous avons déjà dit, malgré ces motifs qui avaient inspiré ce système, nous ne saurions l'admettre.

L'ordre de réduction établi par la loi ne saurait être modifié par la volonté du donateur; le principe de l'irrévocabilité des donations s'y opposé ; ainsi un donateur ne pourrait, en faisant une donation, déclarer que cette donation ne sera réductible qu'après d'autres donations antérieures. Il en serait autrement s'il s'agissait de plusieurs donations entre vifs faits par le même acte ; il y aurait alors lieu d'appliquer par analogie l'art. 927. Dans ce cas, si le donateur n'avait pas eu soin d'indiquer expressément dans quel ordre il entend que les donations soient réduites, comme il est impossible de donner à ces diverses donations un rang entre elles, on les réduirait au marc le franc.

— Enfin si deux donations sont faites le même jour et que l'acte mentionne pour chacune l'heure de la journée, il faudra tenir compte de la différence des heures. Si l'un des deux actes seulement mentionne l'heure, le principe de l'irrévocabilité des donations forcera à réputer la plus ancienne la donation dont on connaît l'heure précise. Si ni l'un ni l'autre des deux actes n'indique l'heure, on fera une réduction proportionnelle.

DEUXIÈME HYPOTHÈSE. *Les donations entre vifs ont épuisé sans la dépasser la quotité disponible.* Toutes les dispositions testamentaires seront caduques (art. 925.)

TROISIÈME HYPOTHÈSE. *Les donations entre vifs n'ont pas épuisé la quotité disponible, mais*

*le de cujus a fait des libéralités testamentaires
qui dépassent cette quotité !* Les legs seront
frappés de réduction partielle. En droit coutumier
le retranchement portait d'abord sur les légataires universels ou à titre universel. Dans les
pays de Droit Écrit, l'héritier institué subissait
d'abord la réduction, puis, à l'aide de la quarte
Falcidie, il opérait une réduction à son profit sur
les légataires. Le système coutumier tempéré
toutefois par l'établissement d'une quarte Falcidie fut d'abord adopté par le Conseil d'Etat ;
mais, en définitive, un système plus rationnel
fut adopté, c'est celui de l'art. 926 : « Lorsque
les dispositions testamentaires excèderont soit
la quotité disponible, soit la portion de cette
quotité qui restera après avoir déduit la valeur
des donations entre vifs, la réduction sera faite
au marc le franc, sans aucune distinction entre
les legs universels et les legs particuliers. »
Le principe est donc la réduction proportionnelle des legs, sans égard à l'ordre dans lequel
ces legs sont écrits, sans égard au caractère de
chaque legs, ou à la date des divers testaments.

Ce système s'appuie sur une présomption de
volonté plus juste que celle qui servait de base
au système du Droit coutumier. Toutefois le
Code a bien fait de s'expliquer sur ce point, car
les souvenirs de l'ancien Droit et la rigueur des

principes juridiques eussent conduit à une solution différente. Voici une formule précise qui s'applique à toutes les hypothèses possibles : Il faut déterminer quel aurait été l'émolument de chaque legs, s'il n'y avait pas eu de réservataire, et étant donné que la masse subit une réduction, appliquer cette réduction aux chiffres qui représentent l'émolument des divers legs. Soit une fortune de 50 ; il y a un legs universel et un legs particulier de 20 ; s'il n'y avait pas de réservataire, le légataire universel aurait 30 et le légataire particulier 20 ; l'existence d'un enfant fait subir à l'ensemble du patrimoine une réduction de 50 %; c'est cette réduction qu'il faudra appliquer à chaque legs, de façon que le légataire particulier ait 10 et le légataire universel 15. — Voyons maintenant comment se fait le règlement quand il s'agit d'un legs à titre universel. Le *de cujus* qui laisse une fortune de 180 n'a rien donné entre vifs ; il a un enfant dont la réserve est de 90. Il y a un legs à titre universel de moitié et en outre un legs particulier de 60. S'il n'y avait point de réservataire, le légataire particulier recevrait ses 60, et le légataire à titre universel devant contribuer pour sa part à l'acquittement du legs particulier recevrait aussi 60. Les deux légataires recevraient donc 120 ; mais la quotité disponible n'est que de 90 ; le défunt a donc disposé d'un quart en trop ; les deux légataires subiront donc une réduction du quart, et l'émolument de chacun restera de 45.

Une difficulté résulte de la combinaison de l'art. 1009 avec l'art. 926. Art. 1009 : « Le légataire universel qui sera en concours avec un héritier, auquel la loi réserve une quotité de biens, sera tenu des dettes et charges de la succession, personnellement pour sa part et portion, et hypothécairement pour le tout ; et il sera tenu d'acquitter tous les legs, sauf le cas de réduction, ainsi qu'il est expliqué aux art. 926 et 927. » Un légataire universel est en concours avec un réservataire. Le texte semblerait dire que le légataire universel devrait acquitter tous les legs particuliers ; puis cette règle générale subirait une exception pour le cas où il y aurait lieu à réduction ; mais puisque le légataire universel est en concours avec un réservataire, il y a toujours lieu à réduction ! Ce que le texte présente comme ne devant arriver qu'exceptionnellement arrive donc toujours ! Mais alors quel est le sens de ce texte ? L'art. 1009 veut dire que seul et à l'exclusion du réservataire le légataire paiera les legs ; il les paiera seul dans la mesure dans laquelle ils doivent être payés. Il les paiera seul, sauf le cas

de réduction, dit la loi ; c'est sauf la réduction
qu'il eut fallu dire. Il est vrai qu'on a cherché à
justifier le texte, en montrant des hypothèses où
le légataire universel en concours avec un réservataire devrait acquitter intégralement les
legs sans faire subir de réduction aux légataires. L'article n'en serait pas plus justifié, car
ces hypothèses ne seraient que des exceptions.
C'est ainsi que l'on cite le cas de l'art. 927 qui,
suppose que le testateur a formellement déclaré que les legs ne subiraient aucune réduction. On cite encore le cas où le réservataire
aurait reçu sa réserve par donation entre vifs ;
le légataire universel devrait acquitter tous les
legs, mais il devrait aussi acquitter toutes les
dettes, en sorte que nous ne sommes plus dans
le cas de l'art. 1009. A ces deux cas on en
ajoute généralement un troisième qui est celui
d'un legs universel ayant pour objet la quotité
disponible ; si, à côté de ce legs universel, il
existe des legs particuliers, le légataire universel devra les acquitter intégralement. Je pose
comme règle que même dans ce cas, il y a lieu
à réduction ; car le legs particulier pour une
portion, pour celle qui excède la part contribu-
toire personnelle du légataire de quotité disponible, doit être considérée comme portant sur
la réserve. Le testateur laisse un enfant, un

légataire de la quotité disponible et un légataire du fonds Cornélien ; en réalité ce legs pour
la moitié excède la quotité disponible et porte
sur la réserve ; j'ajoute que ce qui est incontestable pour un legs de corps certain l'est aussi
pour une somme d'argent.

La règle que les legs, soit universels, soit à titre
universel, soit particuliers contribuent proportionnellement à l'acquitement de la réserve
reçoit une exception dans le cas prévu par l'art.
927 : « Néanmoins, dans tous les cas où le testateur aura expressément déclaré qu'il entend
que tel legs soit acquité de préférence aux autres,
cette préférence aura lieu ; et le legs qui en sera
l'objet n'en sera réduit qu'autant que la valeur
des autres ne remplirait pas la réserve légale. »
Certains auteurs ont pensé que cette volonté
devait être présumée dans certains cas, et qu'un
legs de corps certain devait être présumé acquit-
table avant tout autre. Je repousse cette idée.
La plupart quand le *de cujus* aura par ses libéralités testamentaires dépassé le disponible, la
raison en sera dans la fausse idée qu'il se faisait
de la consistance de son patrimoine ; il n'y a
donc aucune raison de présumer qu'il a entendu
préférer un légataire de corps certain à un légataire d'universalité. D'ailleurs une fois que l'on

serait entré dans cette voie on ne pourrait plus s'arrêter.

Il faut une déclaration formelle de la part du testateur, et à défaut de cette déclaration, nous n'admettrons aucune préférence soit en faveur des legs faits par forme de restitution comme le voudrait M. Troplong, soit en faveur des legs rémunératoires comme l'enseigne M. Vazeille. Le mot « expressément » de l'art. 927 est formel ; le législateur a voulu éviter toute contestation.

§ IV. — DES EFFETS DE LA RÉDUCTION

Nous verrons les effets de la réduction, en premier lieu par rapport aux libéralités testamentaires, et en second lieu par rapport aux libéralités entre vifs.

1. La réduction doit se faire en nature, c'est-à-dire que le réservataire doit prendre sur l'objet de chacun des legs sujet à réduction une part égale à celle pour laquelle le legs est réductible. Cette conséquence résulte forcément du principe qui dit que la réserve n'est autre chose que la succession *ab intestat* réservée. C'est ce qu'exprime fort nettement M. Vernet : « de ce

que la réserve est une position de la succession *ab intestat*, et de ce qu'il faut être héritier
pour pouvoir y prétendre, il résulte nécessairement que les héritiers à réserve peuvent réclamer en nature la quotité de biens réservée en
faveur, et ne sont pas tenus de se contenter de
la valeur estimative de ces biens. » Donc si le
de cujus qui laisse un fils et dont la fortune se
composait de trois immeubles a légué ces
trois immeubles à trois légataires différents,
le fils faisant réduire successsivement chacun
de ces légataires pour moitié, obtiendra en
définitive la moitié de chacun des immeubles
qui se trouvaient dans le patrimoine de son père.
— Mais si les objets légués sont indivisibles, il
faudra employer un autre mode de réduction,
nous appliquerons alors l'art. 1686 aux termes
duquel une chose commune à plusieurs et qui
n'est pas commodément partageable est vendue,
et le prix partagé entre les co-propriétaires.
Nous appliquerions cette règle, lors même qu'il
devrait rester aux légataires dans l'objet légué
une part plus considérable que celle qui est
sujette à réduction.

Ajoutons, toutefois, que le réservataire devrait se contenter d'une valeur estimative si la
chose léguée est réductible n'était pas de nature

à être licitée, si c'était par exemple un legs de servitude.

II. — Nous allons maintenant arriver à une matière beaucoup plus délicate, aux effets de la réduction sur les donations. Nous verrons ce qui se passe, d'abord quand l'objet de la donation est encore aux mains du donataire, et ensuite quand il en est sorti.

Le principe est que la réduction opère à la façon d'une condition résolutoire. Toutefois, nous signalerons une grave exception à ce principe ; elle résulte de l'art. 924 qui est ainsi conçu : « Si la donation entre vifs réductible a été faite à l'un des successibles, il pourra retenir sur les biens donnés, la valeur de la portion qui lui appartiendrait comme héritier dans les biens non disponibles s'ils sont de même nature. » Ce qui apparaît à la lecture de ce texte, c'est qu'il contient une exception au principe que nous venons de poser : au lieu de remettre dans la masse de la réserve le bien qui a été donné, le réservataire donataire conservera ce bien jusqu'à concurrence de la portion qui lui appartiendrait dans la réserve. Mais, dans quel cas le réservataire aurait-il le droit d'invoquer l'article 924 ? C'est ici que commence la difficulté. Les partisans de la doctrine du cumul, et dans l'intérêt de leur système,

soutiennent que l'art. 924 vise le cas d'une donation faite sans clause de préciput à un réservataire qui renonce. C'est donc une explication intéressée. Il est, je crois, facile de démontrer que
telle n'est pas l'hypothèse prévue par l'art. 924 ;
il s'agit, dans ce texte, d'un réservataire donataire par préciput qui accepte. En effet, si
l'article avait pour but de permettre au réservataire renonçant de cumuler le disponible
avec sa part de réserve, il serait bizarre que ce
cumul fût soumis à la condition qu'il se trouvera dans la succession des biens de même nature. Je sais bien que, primitivement, ces mots
ne se trouvaient pas dans le texte ; c'est le
Tribunat qui les a ajoutés (1) ; mais le Conseil
d'Etat les a maintenus, et, en les maintenant,
il a fait sienne la pensée qui les avait inspirés.
Or, quelle est cette pensée ? C'est qu'il s'agissait d'un réservataire acceptant, c'est qu'il
s'agissait d'une question de rapport. Nous savons, en effet, qu'en vertu de l'art. 859, la
circonstance qu'il existe dans la succession des
biens de même nature que les biens donnés à
un héritier, a pour résultat de faire effectuer
le rapport en moins prenant. La fin de l'article 924 indique donc bien clairement que,

---

1) Locré, Législation civile, t. XI. p. 275.

dans la pensée des rédacteurs du Code, il y avait
là une question de rapport, et que, par conséquent, il s'agissait de réservataires acceptants.
Ceci établi, nous ne sommes pas au bout de
la difficulté ; une difficulté nouvelle va surgir
du rapprochement de notre texte avec l'article 866 qui prévoit la même hypothèse et qui
semble la résoudre différemment. — Art. 866:
« Lorque le don d'un immeuble fait à un successible, avec dispense de rapport, excède la
portion disponible, le rapport de cet excédant
se fait en nature, si le retranchement de cet excédant peut s'opérer commodément. Dans le cas
contraire, si l'excédant est de plus de la moitié de
la valeur de l'immeuble, le donataire doit rapporter l'immeuble en totalité, sauf à prélever
sur la masse la valeur de la portion disponible ;
si cette portion excède la moitié de la valeur de
l'immeuble, le donataire peut retenir l'immeuble en totalité, sauf à moins prendre et à
récompenser ses cohéritiers en argent ou autrement. » Cet article nous dit donc que le
rapport se fera en nature ; si le retranchement
ne peut se faire, on applique la règle : « *ma-
jor pars trahit ad se minorem.* »

Sans compter l'explication que donnent les
partisans de la doctrine de Cumul, on a tenté
jusqu'à six conciliations pour mettre ces textes

d'accord. L'explication que nous donnerons est celle de M. Demolombe, elle a l'avantage d'être excessivement simple. D'après le savant auteur que nous venons de citer, l'art. 924 ne fait qu'appliquer le principe que le rapport se fait en moins prenant et non en nature, quand on peut apportionner les autres héritiers avec des biens de même nature. Si l'art. 924 n'avait pas apporté un tempérament au premier alinéa de l'article 866, cet article aurait été en contradiction avec l'art. 859. C'est qu'en effet quand la réduction est subie par un copartageant, en principe, ce sont les règles du rapport qu'il faut appliquer; dans ce cas, la loi ne dit jamais réduction, elle dit toujours rapport. Mais, l'art. 859 nous dit que le rapport se fait en moins prenant, quand il y a dans la succession des immeubles de même nature, valeur et bonté, dont on puisse former des lots à peu près égaux pour les autres cohéritiers. Si l'art. 866 eut été tout seul, il eut donc été en contradiction avec l'art. 859; c'est cette contradiction qu'est venue faire cesser l'art. 924 (1).

Mais la réduction ne s'opèrera pas le jour même du décès du disposant; il pourra même s'écouler un assez long temps avant que les

_____

(1) Arrêt de la Cour de cassation du 15 nov. 1871. Dal. 1871. I. 281.

biens ne rentrent par réduction dans la masse
partageable. Pendant ce temps ils vont produire des fruits. Que déciderons-nous relativement à ces fruits? La réponse est à l'art. 928 :
« Le donataire restituera les fruits de ce qui
excédera la portion disponible, à compter
du jour du décès du donateur, si la demande en réduction a été faite dans l'année;
sinon, du jour de la demande. » Il va de soi
que le donataire ne doit pas restituer les fruits
pour l'époque antérieure au décès. Mais, pour
l'époque même qui suit le décès, si la demande
en réduction n'est pas formée dans l'année, le
donataire ne doit les fruits qu'à dater de la
demande. Nous voyons, au contraire, à la
section du rapport, que les fruits sont toujours
rapportables à dater du décès quelle que soit
la date de la demande. La raison de cette
différence est qu'un donataire en avancement
d'hoirie sait très-bien qu'il doit rapporter les
biens donnés et les fruits qu'ils ont produits
depuis le décès du donateur, tandis qu'un donataire étranger ne sait pas s'il devra rendre
quelque chose puisqu'il ignore si la donation à
lui faite, a empiété sur la réserve; il a même
de juste raison de se croire à l'abri d'une réduction, quand les réservataires laissent passer
une année et plus sans l'actionner. — Mais il

péut se faire que le donataire réductible soit
un réservataire; dans ce cas, quelle règle
appliquerons-nous, celle de l'art. 856, ou
celle de l'art. 928? Nous rappellerons le principe que nous avons eu plusieurs fois l'occasion
d'invoquer, à savoir qu'entre cohéritiers, il n'y
a pas de réduction, mais rapport, puisque le
rapport a précisément pour effet d'empêcher la
réduction et de la rendre inutile; nous avons
toutefois mitigé ce principe en disant qu'il y
avait lieu d'appliquer les règles de la réduction,
quand les règles du rapport étaient insuffisantes
à protéger les réservataires. Mais ici loin de
nuire aux réservataires, l'art. 856 leur est
favorable. De plus, le réservataire donataire
par préciput n'a pas à invoquer les mêmes
motifs que le donataire étranger, car il a toujours le moyen de savoir si le don à lui fait
excède le disponible. Nous ne lui appliquerons
donc pas l'art. 928.

L'art. 928 ne parle que des fruits; doit-on
l'appliquer aux intérêts? Ce qui peut donner de
la force à la négative, c'est que l'art. 855 rela-
tif au rapport parle des fruits et des intérêts;
si nous n'appliquons pas l'art. 928, nous
appliquerons l'art. 1153 aux termes duquel les
fruits ne sont dus que du jour de la demande.

Je pense avec M. Duverger que les intérêts

sont dus du jour du décès, car enfin, aux termes de l'art. 584, les intérêts sont des fruits civils. Il serait bien invraisemblable d'ailleurs que dans l'intervalle qui sépare le décès du donateur de la réduction, la somme fut restée improductive aux mains du donataire.

Nous allons maintenant faire intervenir des tiers. Art. 929 : « Les immeubles à recouvrer par l'effet de la réduction, le seront sans charge de dettes ou hypothèques créées par le donataire. On applique donc purement la règle : « *Resoluto jure dantis, resolvitur jus accipientis.*» Si le donataire avait constitué d'autres charges réelles telles que servitudes, usufruit, nous appliquerions encore l'art. 929. On pourrait toutefois redemander si, dans ce cas, il ne faudrait pas plutôt appliquer l'art. 930, aux termes duquel le droit de propriété transmis par le donataire à un tiers n'est pas résolu de plein droit ; mais si l'on admet avec nous que l'art. 865 vise le cas de constitution d'une servitude ou d'un usufruit, il faut décider, par *a fortiori,* que ces constitutions tombent sous le coup de notre art. 929. En effet, si ces droits sont résolus par le seul fait du décès du donateur en cas de rapport, ils doivent l'être à plus forte raison en cas de réduction.

Jusqu'ici les règles du rapport et celles de la

réduction sont les mêmes, mais nous allons trouver maintenant une différence considérable.

Aux termes de l'art. 860, si le donataire a aliéné, le rapport se fait en moins prenant, et la propriété de l'acquéreur n'est pas résolue; mais l'action en réduction atteint même les acquéreurs; elle aboutit à une revendication exercée contre eux. Art. 930 : « L'action en réduction ou revendication pourra être exercée par les héritiers contre les tiers détenteurs des immeubles faisant partie des donations et aliénés par les donataires, de la même manière et dans le même ordre que contre les donataires eux-mêmes, et discussion préalablement faite de leurs biens. Cette action devra être exercée suivant l'ordre des dates des aliénations, en commençant par la plus récente. » La raison de cette différence entre le rapport et et la réduction est facile à saisir, et s'explique par la faveur toute particulière dont jouit la réserve. L'ancien Droit allait même plus loin et appliquait dans toute sa rigueur les règles « *resoluto jure dantis, resolvitur jus accipientis.* » Le légitimaire avait droit de revendiquer les corps héréditaires entre les mains des tiers détenteurs, sans être obligé de discuter préalablement les donataires qui les avaient transmis. Les rédacteurs du Code civil ont apporté un

tempérament à ces principes, dans l'intérêt de
la libre circulation des biens ; c'est en effet une
grande garantie pour les acquéreurs que l'o-
bligation pour les réservataires de discuter d'a-
bord les donataires. La pensée de la loi a donc
été de donner le plus d'effet possible aux
aliénations consenties par le réservataire et de
ne les annuler que quand leur annulation était
le seul moyen de protéger efficacement les réservataires.

Que décider si le titre d'acquisition du tiers
acquéreur du donataire est nul ou rescindable,
le donataire étant encore dans les délais pour
invoquer la nullité ou faire prononcer la rescision? On pourrait être tenté de distinguer selon
que l'acte est nul *ipso jure*, ou qu'au contraire
il n'est que rescindable. Au premier cas le bien
est encore au patrimoine du donataire, puisque
l'acte qui a paru l'en faire sortir, le contrat de
donation, par exemple, n'a de la donation que
l'apparence ; tandis que s'il s'agit d'une vente
rescindable pour lésion, le contrat de vente est
réel quoique soumis à une cause de rescision.
Je crois que, soit qu'il s'agisse d'une nullité
ipso jure, soit que l'acte soit simplement rescindable, le réservataire peut exiger la réduction en nature. En effet la réduction en nature
est la règle ; mais quand le réservataire ne pe

rendre le bien parcequ'il est sorti de ses mains quand il faudrait que le réservataire le revendiquât en son nom personnel, on tempère la rigueur de la règle.

Mais ici il ne s'agit de rien de pareil ; le donataire n'a plus le bien entre ses mains, mais il peut l'y faire rentrer ; il a une action dont l'utilité se confond avec celle du bien lui même puisqu'elle a pour résultat de faire considérer le bien comme n'étant pas sorti du patrimoine du donataire. Je déciderais de même qu'en cas de vente avec pacte de réméré, le réservataire peut exiger que la réduction ait lieu en nature. Dans tous ces cas l'acquéreur ne saurait prétendre que contrairement à l'art 930 il est dépossédé quand le donataire est solvable, puisqu'il est évincé non par l'action en réduction, mais par l'effet d'une cause de rescision ou d'un pacte de rachat, dont l'exercice est complétement indépendant de la réduction.

Le réservataire doit d'abord s'adresser au donataire, et ce n'est qu'en cas d'insolvabilité de celui-ci qu'il peut poursuivre les tiers détenteurs. Le donataire est donc en butte et à une action réelle ; la revendication et à une action personnelle. Le donataire doit être discuté, et de la généralité des termes de l'art. 930, il résulte que cette discussion doit être aussi com-

plète que possible ; elle ne doit pas être res-
treinte aux biens qui se trouveraient dans le
ressort de la Cour d'appel, mais porter surtout
le patrimoine du donataire sans exception.
Tant que la solvabilité du donataire lui permet
de restituer aux réservataires la valeur de la
donation, les tiers acquéreurs peuvent donc être
tranquilles. — Quelle somme de donataire est-
il tenu de payer au réservataire? Cette somme
doit-elle représenter la valeur de l'immeuble au
moment de l'ouverture de la succession, ou
bien au contraire au moment de la demande
en réduction? L'immeuble qui valait 100 au
moment du décès peut avoir augmenté ou diminué de 20, de manière à valoir 120 ou seulement 80 au moment de la demande.

C'est, selon nous, au moment de l'ouverture
de la succession qu'il faut sé placer pour déterminer quelle somme peut être demandée au
donataire ; c'est à cette époque que l'obligation
prend naissance, c'est à partir de cet instant
que le donataire est tenu envers les réservataires,
il ne peut donc dépendre des lenteurs de ceux-
ci de faire varier l'obligation dans son quantum.
On décide de même en matière de rapport, et
par application de l'article 860 que l'héritier
qui a aliéné l'immeuble rapporte une somme

représentative de la valeur qu'avait cet immeuble lors de l'ouverture de la succession.

Supposons maintenant le donataire insolvable, et voyons ce que l'art. 930 décide à l'égard des tiers acquéreurs. — Avant d'aller plus loin, il faut nous demander si l'art. 930 est applicable : 1° à ceux qui ont acquis d'un donataire devenu propriétaire en vertu d'une donation déguisée sous les apparences d'un contrat à titre onéreux ; 2° aux acquéreurs de meubles.

La première de ces difficultés s'élève aussi à propos de l'art. 929. C'est qu'en effet on peut se demander si, dans ce cas, les réservataires ne seraient pas tenus, comme représentants de leur auteur, à garantir les tiers contre les effets de la réduction. La question est des plus embarrassantes, et plusieurs solutions ont été proposées. La meilleure, à mon avis, est celle de M. Demolombe, qui ne refuse d'appliquer les art. 929 et 930 que si la simulation a eu précisément pour but de tromper les tiers. Ce n'est, en effet, que dans ce cas qu'il y a fraude de la part du donateur, si la simulation n'a été employée que comme un moyen indirect de faire la donation, sans intention frauduleuse, l'acquéreur n'a rien à reprocher au donateur, car celui-ci n'a fait qu'user de son droit. Sans doute l'acquéreur est trompé, mais par qui ?

Par le donataire. C'est contre lui seul qu'il peut exercer un recours, et, par conséquent, rien ne s'oppose à ce que les réservataires invoquent l'art. 930.

L'art. 930 est-il applicable aux acquéreurs de meubles ? Un grand nombre d'auteurs et de professeurs enseignent avec raison que l'art. 930 sera applicable aux tiers acquéreurs de meubles toutes les fois que ceux-ci ne pourront invoquer la règle de l'art. 2279 ; ainsi, l'art. 2279 ne s'applique pas en général aux meubles incorporels.

Pourra-t-on revendiquer contre les détenteurs de ces meubles ? Je crois que les rédacteurs du Code n'ont parlé à l'art. 930 que des immeubles, parcequ'ils n'ont pensé qu'aux meubles corporels, parcequ'ils se sont figurés qu'un acquéreur de meubles serait toujours protégé par la maxime : « En fait de meubles possession vaut titre. » Nous déciderons donc que dès que l'article 2279 ne protégera plus l'acquéreur, il faudra appliquer la règle : « *resoluto jure dantis, resolvitur jus accipientis.* » La question a été résolu en ce sens par un arrêt de la cour de Caen du 21 avril 1841.

Le donataire est donc insolvable, et le réservataire se trouve en présence d'un acquéreur de ce donataire. Si cet acquéreur a aliéné, il ne peut plus être inquiété, car on ne voit pas quelle action on pourrait exercer contre lui ; il n'est pas tenu personnellement, cela est évident, et il n'est pas tenu réellement puisqu'il ne détient plus l'immeuble ; sauf d'ailleurs au sous acquéreur à appeler son vendeur en garantie.

Le tiers acquéreur détient encore l'immeuble. S'il veut le conserver, il peut désintéresser les réservataires en argent, puisque le donataire le pouvait. C'est qu'en effet, dit M. Demolombe « ce droit d'offrir la réserve en argent, ne saurait être considéré comme exclusivement attaché à la personne du donataire.» Le réservataire ne peut refuser de recevoir la somme, puisqu'elle lui est offerte par une personne intéressée à la payer.

L'art. 930 nous dit que l'action est intentée contre les tiers acquéreurs de la même manière que contre les donataires eux-mêmes ; les tiers acquéreurs devront-ils donc les fruits le jour du décès. Je suis tenté de décider avec M. Vernet (*quot. disp. p. p.* 505 et 506) que le tiers acquéreur doit les fruits. Sans doute le tiers acquéreur n'est tenu que *propter rem*, en sorte qu'il ne serait pas obligé d'indemniser le réservataire des détériorations qui auraient pu être commises par le donataire ; mais nous n'invoquons pas, pour la mettre à la charge du tiers, une obligation personnelle; nous prétendons seulement que l'action est réelle sous le double rapport du fonds et des fruits. Cette opinion qui est celle de MM. Aubry et Rau est combattue par d'autres auteurs, par M. Demolombe, et par Marcadé. L'art. 928, dit-on ne parle que des donataires, et la règle est que les possesseurs sont protégés quand ils sont de bonne foi. L'art. 928 ne parle que des donataires, c'est vrai, mais l'art. 929 aussi ne parle que d'eux, et pourtant on n'hésite pas à appliquer ce dernier texte à un tiers acquéreur. C'est que l'art. 930 en décidant que l'action en réduction serait exercée contre les tiers-détenteurs de la même manière que contre les donataires eux-mêmes, a suppléé à ce que les art. 928 et 929 pourraient paraître avoir d'incomplet.

Quant à la seconde objection elle est réfutée par M. Vernet d'une façon péremptoire, en ces termes : « Notre proposition est, en ce qui touche la restitution des fruits, contestée par certains auteurs, qui se mettent ainsi en contradiction avec eux-mêmes, puisqu'ils reconnaissent que sous le rapport de l'indemnité des détériorations par lui commises, le tiers acquéreur soumis à l'action en réduction ne doit pas être traité comme un possesseur de bonne foi dans le sens de l'art. 549, et ne peut pas, en conséquence, opposer la maxime « *Qui rem quasi suam neglexit, nulli querelæ subjectus est* », tandis qu'ils le traitent comme possesseur de bonne foi en ce qui touche les fruits. La vérité c'est que ce tiers détenteur est, comme le donataire dont il tient les droits, un propriétaire dont le droit est résolu, et doit dès lors être traité comme le donataire lui-même. »

Si le donataire réduit a aliéné à diverses dates et à diverses personnes, les acquéreurs seront poursuivis dans l'ordre des aliénations, en commençant par les plus récentes. Une donation a été faite à une seule personne de deux immeubles valant chacun 25,000 fr.; cette donation unique excède le disponible de 20,000 fr. et il se trouve que le donataire a vendu un des immeubles à Primus, le 1er Juin, et le second immeuble à Secundus, le 1er septembre de la même année. Le réservataire pourra-t-il s'adresser indifféremment à Primus ou à Secundus? Si le texte n'avait rien dit, on pourrait répondre affirmativement, car le droit du réservataire porte sur l'ensemble de l'objet de la donation. Mais l'art. 930 a décidé qu'il faudrait tenir compte de la date des aliénations, et commencer par réduire la plus récente, c'est-à-dire celle de Secundus. C'est que les acquéreurs premiers en date peuvent dire qu'ils ont laissé

aux mains du donataire de quoi suffire aux be-
soins de la situation.

Pour finir, nous allons rechercher combien
de temps durera l'action en réduction.

Par rapport au donataire, comme il ne peut
être question que de prescription libératoire, il
est certain que l'action durera trente ans; il est
certain aussi qu'elle ne commencera à se prescrire que du jour où elle aura pris naissance,
c'est-à-dire du jour de l'ouverture de la succession. En effet, l'art. 2257 déclare que la
prescription extinctive d'une créance conditionnelle ne peut courir tant que la condition
n'est pas accomplie; et rien n'est plus rationnel que l'application de cette règle à la prescription libératoire; ce point n'est d'ailleurs
contesté par personne; mais la question est
beaucoup plus compliquée s'il s'agit d'un tiers
détenteur.

Les tiers détenteurs peuvent être les ayants-
cause du donataire, ou bien avoir acquis sans
titre ou *a non domino*.

S'il s'agit d'un *prædo* qui s'est mis en possession sans titre, ou d'un possesseur qui a traité
avec un *non dominus*, nous déciderons sans
hésiter que l'art. 2257 ne peut leur être opposé.
En effet ils n'invoquent pas la prescription
ils ne prescrivent pas à l'effet d'affranchir

la propriété conditionnelle de la chose, car cette propriété conditionnelle ne repose pas sur leur tête ; ils prescrivent d'une façon générale et absolue la propriété. L'immeuble prescrit par suite de l'inaction du donataire est censé avoir péri par la faute de celui-ci. Ce raisonnement, juste à l'égard du *prœdo*, l'est aussi à l'égard du possesseur de bonne foi qui tient *a non domino* ; au profit de ce tiers, la prescription courra du jour de l'entrée en possession et sera décennale ou vicennale.

On peut, il est vrai, opposer à cette solution que les réservataires vont se trouver dans une déplorable situation, puisqu'ils ne pourront pas interrompre la prescription et obtenir du tiers la reconnaissance de leur droit. Il est certain que ce résultat est fâcheux ; mais il ne l'est pas plus que celui qui se produit quand le donataire détériore, laisse périr par sa faute, ou même détruit volontairement et méchamment l'immeuble donné ; dans ce cas les réservataires ne peuvent se plaindre, ils ne peuvent pas faire d'actes conservatoires. Ils sont obligés d'assister, sans pouvoir l'empêcher, à la destruction des biens qui seraient un jour le gage de leur réserve. L'hypothèse que nous étudions ne ressemble-t-elle pas beaucoup à celle-là ? Et n'avons-nous pas eu raison d'assimiler l'inaction qui

18

laisse prescrire, à la négligence qui laisse périr le bien donné.

Reste l'hypothèse où il s'agit d'une personne ayant reçu le bien donné à titre particulier du donataire. Je ne crois pas qu'il y ait dans ce cas place pour la prescription acquisitive : le tiers ayant acquis du propriétaire n'a pas à prescrire la propriété, il l'a ; il n'a à prescrire que pour affranchir cette propriété du vice qui l'infecte ; c'est donc une prescription libératoire qui ne peut courir que du jour du décès ; le tiers a acquis le droit qu'avait son auteur ; il a reçu la chose *cum sua causa*. Je n'admettrais pas une solution différente, même en supposant que le donataire n'eût pas indiqué l'origine de la propriété. En effet, vouloir assimiler cet acquéreur à un tiers acquéreur *a non domino*, cela revient à dire que le donataire n'a pas transmis réellement la propriété à son acquéreur, mais qu'il n'a fait que le mettre à même d'acquérir par dix ou vingt ans, s'il est de bonne foi.

Or, cette conclusion me paraît inadmissible, car si ce tiers a transcrit, et si postérieurement le donataire fait une seconde vente dans laquelle il indique l'origine de la propriété, le second acquéreur serait, je crois, mal venu à opposer son titre au premier acquéreur. Je répéterai d'ailleurs ici ce que j'ai dit plus haut ; l'ayant cause ne peut pas prescrire à l'effet d'acquérir la propriété, puisqu'il l'a déjà. Je conclus donc que dans tous les cas un ayant cause à titre particulier du donataire peut se voir opposer l'art. 2257. (1).

---

(1) Voir un art. de M. Léopold Thézard, à la page 385 du T: 33 de la *Revue critique*. M. Bertauld, questions pratiques et doc-trinales t. II p. 398, et M. Labbé sur un arrêt du 12 juin 1866. S. 1867, 2 33.

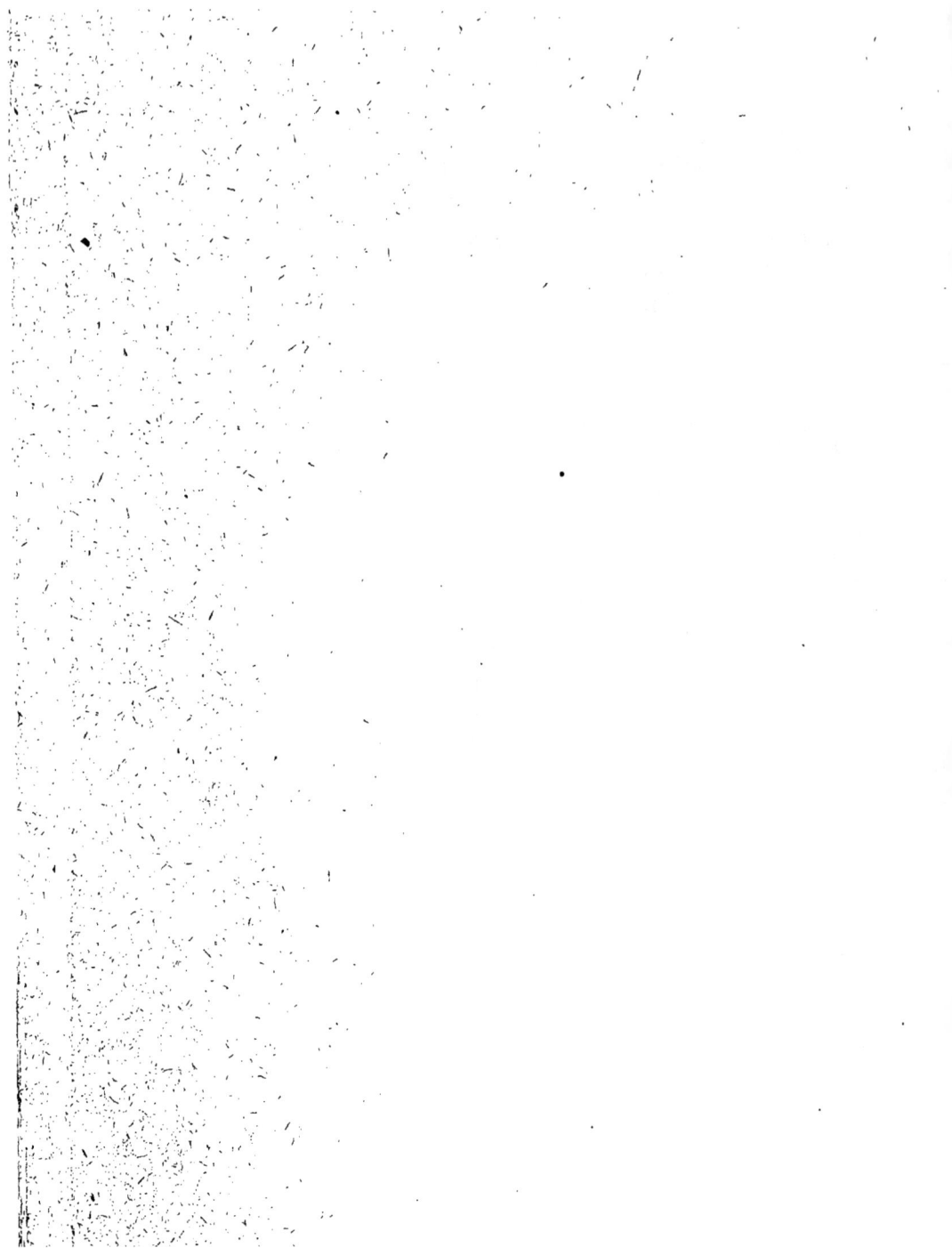

POSITIONS

DROIT ROMAIN

I. — Il y a dévolution du droit à une légitime au profit des légitimaires du second degré, quand les légitimaires du premier degré sont justement exhérédés.

II. — Si la loi 34 de inoff. test. déclare dépourvu de tout recours le fils d'un exhédéré qui est mort *deliberante herede*, sans avoir intenté ou préparé la *querela*, c'est que, dans ce cas, il est impossible de prouver que l'exérédation était méritée.

III. — Il est permis à un père de faire une donation entre vifs à son fils sous la condition que le montant de cette donation s'imputera sur la légitime du donataire.

IV. — Le légitimaire justement exhérédé ne fait pas part.

V. — Sous Justinien comme avant lui la légitime a un caractère individuel.

VI. — Le fils qui est Curial et la fille mariée à un Curial ont droit à une légitime exceptionnelle des trois quarts de leur part *ab intestat*.

VII. -— Si le légitimaire du premier degré est gratifié par le *de cujus* d'une libéralité imputable inférieure à sa légitime, il n'y aura pas, sous Justinien, lieu à devolution de la *querela*.

DROIT FRANÇAIS.

I. — Les envoyés en possession provisoire des biens d'un absent ne peuvent pas demander la réduction des donations faites à un non réservatoire.

II. — Un testateur ne peut en léguant sa réserve à son enfant mineur apposer comme condition à sa libéralité que la mère survivante n'aura pas l'usufruit du montant de cette réserve.

III. — On peut légitimer deux fois sur les mêmes biens.

IV. — Un héritier réservataire qui a renoncé, peut en rétractant sa renonciation agir en réduction.

V. — On ne doit pas faire entrer dans la masse le montant de la donation réductible faite à un insolvable.

VI. — Un réservataire donataire en avancement d'hoirie qui renonce ne peut retenir son don que jusqu'à concurrence du disponible.

VII. — Il faut appliquer les art. 929 et 930 à ceux qui ont acquis d'un donataire devenu propriétaire en vertu d'une donation déguisée sous les apparences d'un contrat à titre onéreux, à moins que la simulation n'ait eu précisément pour but de tromper les tiers.

———◦◦◦———

DROIT ADMINISTRATIF

I. — Les ministres sont juges de droit commun en matière administrative.

II. — La remise du mémoire exigé
par l'art. 51 de la loi du 5 juillet 1837
fait courir les intérêts au profit du créancier.

———◦◦◦———

DROIT CRIMINEL

I. — L'art. 30 du titre II de la loi
des 28 septembre 6 octobre 1791, qui
établit une pénalité contre toute personne convaincue d'avoir de dessein
prémédité, méchamment, sur le terrain
d'autrui blessé des bestiaux ou chiens
de garde n'est plus applicable.

II. — La récidive de délit à crime
n'est pas une cause d'aggravation légale
de la peine lorsqu'à raison des circonstances atténuantes, le crime n'est pu-
nissable que de peines correctionnelles.

———◦◦◦———

HISTOIRE DU DROIT

I. — Il est inexact de dire que la légitime a une origine exclusivement romaine.

II. — Dans les pays de droit écrit, la légitime était une quote-part des biens.

Vu par le Président de la Thèse,
C. BUFNOIR.

Vu par le Doyen de la Faculté de droit,
G. COLMET DAAGE.

Vu et permis d'imprimer :
Le Vice-Recteur de l'Académie de Paris,
A. MOURIER.

1767. — 7 73. — Boulogne (Seine). Imp. JULES BOYER et Cᵒ

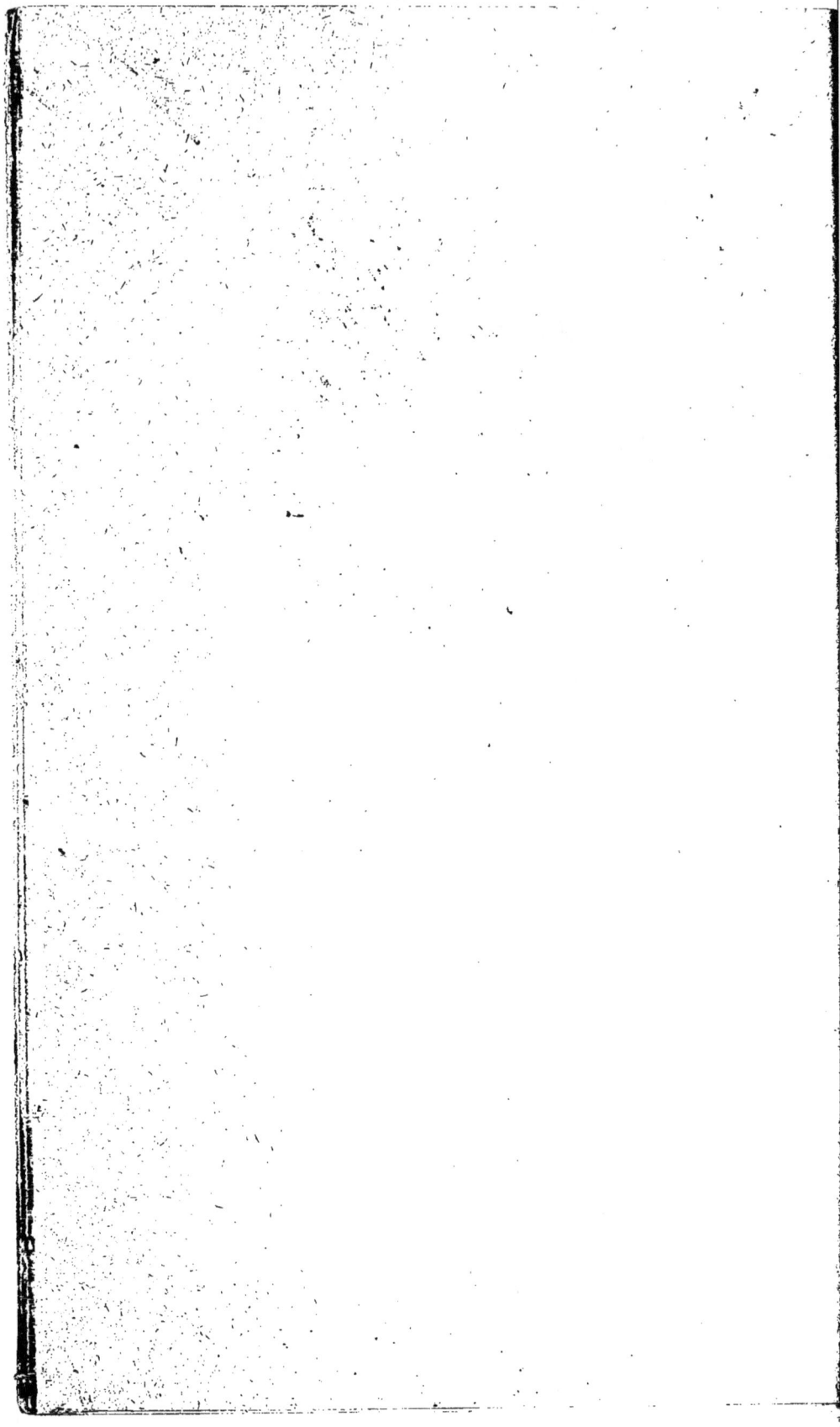

1769. — 7.73. — Boulogne (Seine). — Imp. Jules BOYER et Cⁱᵉ.

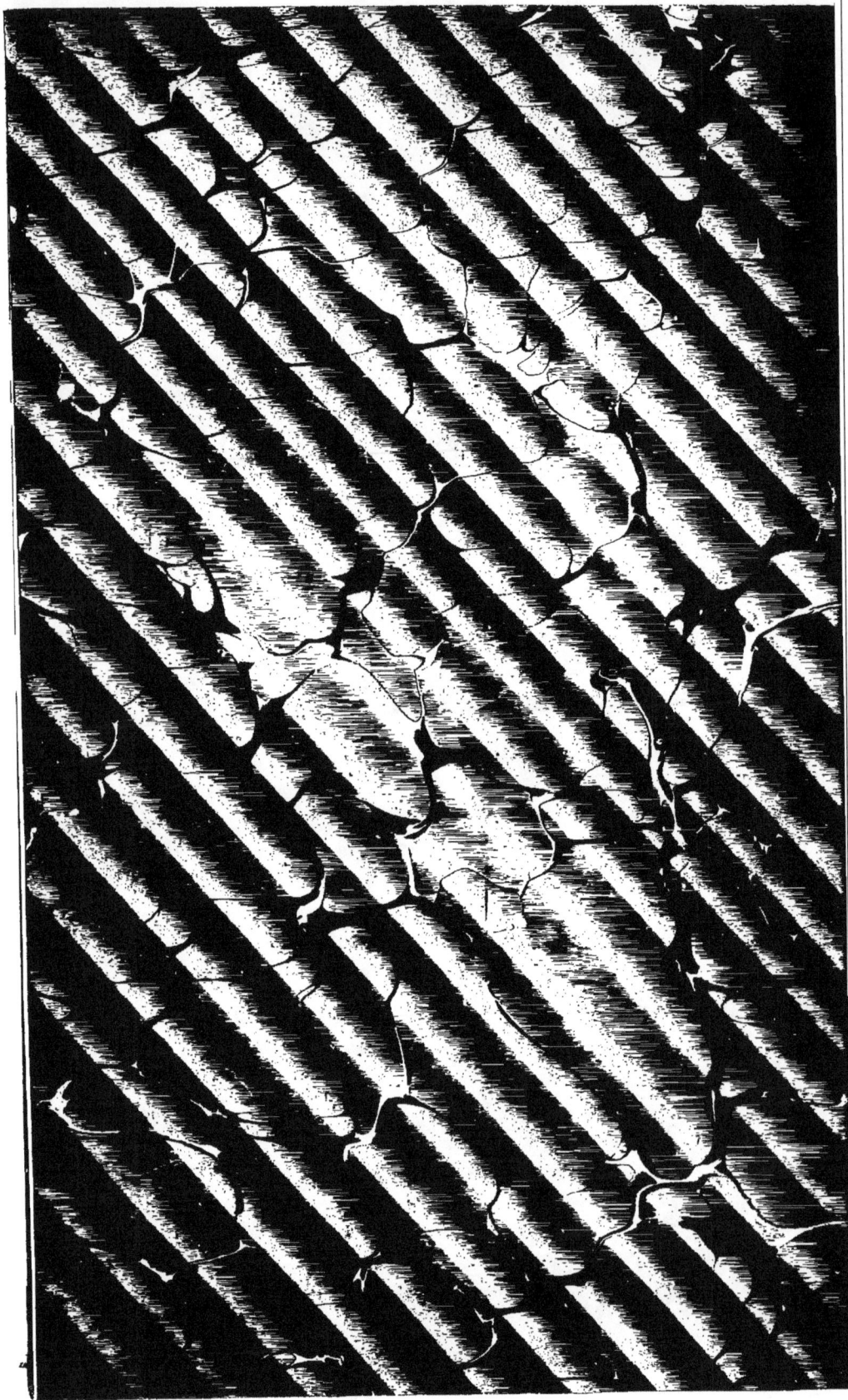

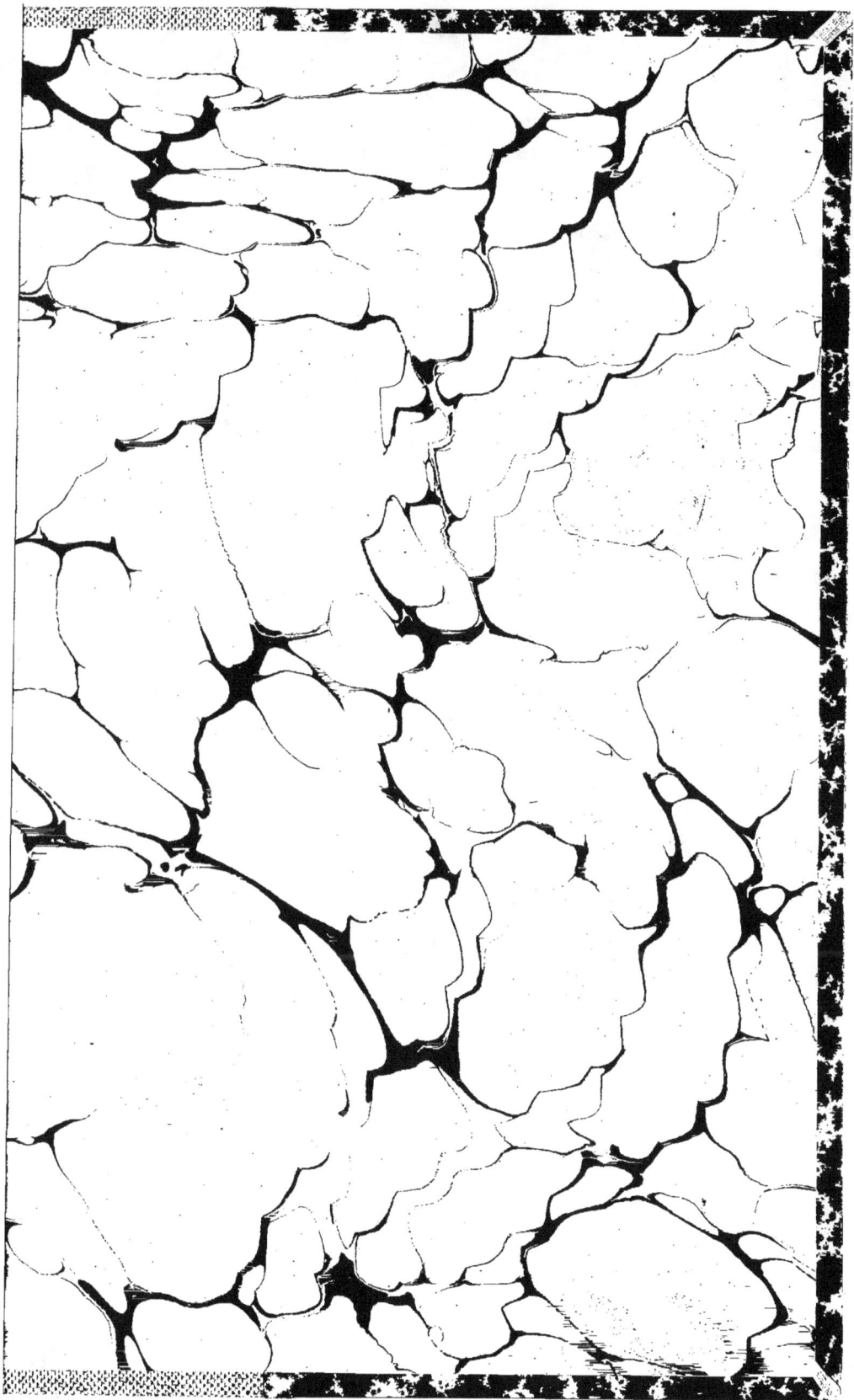

www.ingramcontent.com/pod-product-compliance
Lightning Source LLC
Chambersburg PA
CBHW060425200326
41518CB00009B/1494